土压平衡盾构泡沫渣土改良

方 勇 姚玉相 卓 彬 陈中天 著

科学出版社

北京

内 容 简 介

本书基于常见渣土改良难题及泡沫性能试验研究，从渣土的压缩性、流塑性、渗透性、黏附性和磨蚀性五个方面详细介绍土压平衡盾构泡沫渣土改良技术，以期为土压平衡盾构施工渣土改良提供参考，保障土压平衡盾构隧道的安全快速施工。

本书可以为从事盾构隧道相关专业的设计、施工、科研人员提供一定的指导和建议，也可以作为高等院校教师、硕士研究生、本科生的设计工具书，还可以作为相关专业课题研究的参考书。

图书在版编目（CIP）数据

土压平衡盾构泡沫渣土改良 / 方勇等著. —北京：科学出版社，2023.6

ISBN 978-7-03-075443-1

Ⅰ.①土… Ⅱ.①方… Ⅲ.①隧道施工－盾构法－土壤改良
Ⅳ.①U455.43

中国国家版本馆 CIP 数据核字（2023）第 072580 号

责任编辑：朱小刚 / 责任校对：崔向琳
责任印制：罗　科 / 封面设计：陈　敬

科学出版社 出版
北京东黄城根北街 16 号
邮政编码：100717
http://www.sciencep.com

四川煤田地质制图印务有限责任公司 印刷
科学出版社发行　各地新华书店经销
*
2023 年 6 月第　一　版　开本：720×1000　B5
2023 年 6 月第一次印刷　印张：13 1/2
字数：270 000
定价：168.00 元
（如有印装质量问题，我社负责调换）

前　言

随着经济的增长、人民生活水平的提高，城市交通拥堵日渐成为限制城市发展的关键性问题之一，原有城市交通体系已不能满足日益增长的交通需求，在此形势下，城市地下轨道交通成为缓解城市交通问题的首要选择。目前，城市地铁以盾构法开挖为主，而土压平衡盾构法以其地层适应性广、作业方式安全、掘进速度快以及对环境影响小等特点在地铁区间隧道施工中得到了广泛的应用。土压平衡盾构法施工的关键是以开挖出的土体（渣土）作为支撑开挖面稳定的介质，因此要求作为支撑介质的土体应具有一定的压缩性、较低的抗剪强度、良好的流塑性、较小的摩擦力和较低的黏附性，但多数地层土体不能完全满足这些特性，致使盾构掘进过程中经常出现刀盘及刀具或土舱"结泥饼"、螺旋出土器出口处喷涌、刀具磨损等问题。因此，必须对渣土进行改良，以满足盾构工程的需求。常见的改良材料有矿物类材料、水溶性树脂类材料、水溶性高分子类材料和泡沫活性材料。与其他改良材料相比，泡沫活性材料的土质适用性强，改良效果显著，是目前使用最为广泛的渣土改良剂。鉴于此，本书基于常见渣土改良难题及泡沫性能试验研究，从渣土的压缩性、流塑性、渗透性、黏附性和磨蚀性五个方面详细介绍土压平衡盾构泡沫渣土改良技术，以期为土压平衡盾构施工渣土改良提供参考，保障土压平衡盾构隧道的安全快速施工。

本书可为从事盾构隧道相关专业的设计、施工、科研人员提供一定的指导和建议。本书系统介绍了土压平衡盾构泡沫渣土改良技术，包括常见渣土改良难题、泡沫基本性能及其评价指标、改良渣土力学性能评价指标及相关试验等，力求较全面地反映盾构渣土改良领域内的相关研究成果。全书共 8 章，第 1 章简要介绍土压平衡盾构渣土改良常见难题、改良状态评价指标以及常用渣土改良剂，并对泡沫基础特性和改良渣土力学行为的研究现状进行概述。第 2 章阐述泡沫改良渣土的机理及泡沫性能影响因素，并通过开展室内泡沫性能试验，探究不同因素对泡沫性能的影响，给出相应的评价指标及范围。第 3～8 章分别针对泡沫改良渣土的压缩性、流塑性、渗透性、黏附性（第 6、7 章）以及磨蚀性开展相应的室内试验，详细分析不同因素对改良渣土性能的影响，准确地给出改良渣土不同性能的评价指标及其合理范围。通过对土压平衡盾构泡沫渣土改良技术系统全面的研究，能够有效解决盾构施工出现的一系列问题，保障隧道的安全高效掘进。

本书由西南交通大学土木工程学院方勇教授负责统稿撰写、校核，课题组成员姚玉相博士、卓彬博士及陈中天博士参与不同章节的撰写与整理工作。其中,姚玉相博士参与本书第 1～4 章的撰写与整理,卓彬博士参与本书第 6～8 章的撰写与整理,陈中天博士参与本书第 5 章的撰写与整理,谨此致以衷心的感谢!本书的创作得到了科学出版社的大力支持,使得本书能够在第一时间面向读者。

鉴于作者水平有限,书中不足之处在所难免,敬请有关专家及读者批评指正,提出宝贵意见。

著 者

2023 年 1 月

目　　录

第1章 绪 论

1.1 土压平衡盾构工法简介

随着我国城市化进程的加快和城市人口的不断增长，不得不开发利用更多的地下空间。如今，我国已经成为世界上隧道及地下工程数量最多、规模最大、穿越地层条件最复杂、修建技术发展最快的国家。地铁在提高城市土地利用效率、缓解城市交通压力、改善人类生活环境以及保护城市历史文化景观等方面都具有十分明显的作用，已成为现代城市的重要标志，也是城市地下空间重点开发的对象。在地铁隧道的修建过程中，大部分用盾构法施工修建[1-5]。盾构法是采用暗挖隧道的专用机械在地面以下建造隧道的一种施工方法，也是将盾构在地中推进，通过盾构外壳和管片支承四周围岩，进而防止围岩向隧道内坍塌，同时在开挖面前方用切削装置进行土体开挖，利用出土机械运出洞外，靠千斤顶在后部加压顶进，并拼装预制混凝土管片，最终形成隧道结构的一种机械化施工方法[6]。盾构法主要分为土压平衡盾构工法和泥水平衡盾构工法两大类[7]。泥水平衡盾构工法存在占地面积大、环保隐患和造价高等缺点，穿江、跨海等水下隧道施工优先考虑采用泥水平衡盾构工法，陆域隧道往往采用土压平衡盾构工法。

土压平衡盾构的基本结构包括刀盘、驱动系统、盾壳、承压隔板、盾尾密封系统、密封压力舱、千斤顶、管片、螺旋出土器等[8]（图 1.1）。

图 1.1 土压平衡盾构的基本组成及其平衡原理

土压平衡盾构刀盘切削面与承压隔板之间所形成的空间为密封压力舱（土舱），刀盘旋转切削下来的土料（即渣土，必要时添加泡沫、膨润土等对其进行改良）通过刀盘上的开口进入土舱。千斤顶的推力通过承压隔板传递到土舱内的渣土上，并形成土舱压力，以抵消开挖面处的地下水压和土压，进而使开挖面保持稳定。同时，利用螺旋出土器进行排土，并通过调节刀盘转速和螺旋出土器转速维持开挖土量与排土量的动态平衡，进而保证土舱压力稳定在预定范围内[9]。

1.2 土压平衡盾构渣土改良

1.2.1 常见渣土改良难题

目前，我国所应用的盾构机类型主要为土压平衡盾构，其特点是用切削下来的渣土作为支撑开挖面稳定的介质。一方面，渣土作为支撑开挖面稳定的介质，其土性对开挖面的稳定起着决定性的作用；另一方面，渣土源源不断地从螺旋出土器向外排出，其土性的好坏直接影响出土是否顺利。因此，为了提高土压平衡盾构的地层适应性，便于排土、控制土舱压力和维持开挖面稳定，往往需要使渣土具有良好的流塑性、较低的抗剪强度和黏附强度、较小的渗透性和一定的压缩性。然而，隧道穿越地层往往复杂多变，因此开挖出来的渣土一般不能完全满足上述特性，从而给施工带来困难，常见渣土改良难题主要有以下几种。

1. 刀盘和土舱结泥饼

刀盘和土舱结泥饼易发生在黏土矿物含量高（超过25%）的土层和风化岩层[10-12]。岩土体具有很高的黏性，在盾构机推进压力的作用和较高的温度环境下，刀盘开口及不平整位置极易被渣土黏附，进而出现刀盘结泥饼现象；同时，土舱内的渣土也很容易发生压密、固结排水，进而形成坚硬泥饼（图1.2）。盾构渣土一旦饼化，轻则导致盾构推力和扭矩增大，掘进效率降低，重则导致刀盘开口闭塞，刀盘主轴承损坏，土舱进排土不畅，盾构被迫停机开舱去除泥饼，更换刀具。盾构机掘进常见施工问题如图1.3所示。

刀盘和土舱结泥饼主要是由渣土流塑性低、渣土黏附强度高、掌子面岩土体切削后有较高的黏性、渣土固结能力强、岩土体遇水膨胀等造成的。因此，应该提高渣土流塑性，降低渣土黏附强度，减弱渣土固结能力，从而避免刀盘和土舱结泥饼。

土舱结泥饼实例：在北京地铁9号线04标丰—六盾构区间和10号线二期11标西—六盾构区间采用土压平衡盾构掘进时，压力舱内的结泥饼和闭塞等导致舱内的压力失控，进而造成地面隆起和扭矩上升，甚至无法掘进，因此必须停机开舱，采用人工丰镐破除，严重影响了施工进度。北京地铁 9 号线 04 标丰—六盾构区间由于土舱结泥饼不得不停机开舱处理，并引发了地面塌陷等问题，对周围环境产生了重大影响。

(a) 刀盘结泥饼　　　　　　　　　　　　　(b) 土舱结泥饼

图 1.2　刀盘和土舱结泥饼

(a) 土舱堵塞　　　　　　　　　　　　　(b) 刀具偏磨

图 1.3　盾构机掘进常见施工问题

2. 螺旋出土器堵塞

在盾构机穿越泥质膨胀性粉砂岩过程中，被切削下来的岩土体遇到刀盘内部的水，从而体积膨胀，产生的渣土具有很高的黏性，渣土在压力作用下极易固结，从而在螺旋出土器出渣过程中，机身外壳内表面和螺旋轴内部极易出现大量渣土黏聚，导致螺旋出土器扭矩增大，进而堵塞螺旋出土器，使得螺旋出土器出土不畅，甚至无法正常出土。

螺旋出土器堵塞的主要原因为渣土流塑性太低，且渣土粒径小、黏附强度高，细粒和粉粒成分高容易固结成块，岩土体在螺旋出土器内部遇水体积膨胀等。基于此，为了保障螺旋出土器正常出渣，应尽量提高渣土流塑性，降低渣土黏附强度，使渣土具有较高的流动能力。

3. 刀盘及刀具磨损

随着盾构法在国内地铁施工中的广泛应用，刀具磨损已经成为一个影响盾构隧道施工质量和进度的关键问题。这类问题易出现在石英含量高的粗颗粒土地层，尤以风化花岗岩和砂卵石等地层为典型。刀盘及刀具作为盾构机的关键部件，在地下掘进过程中会遇到各种地层，从淤泥、黏土、砂层到软岩及硬岩等，刀盘在一定转速和压力条件下进行地下挖掘，刀具要承受非常高的工作压力和温度，恶劣的工作条件会降低刀具的使用寿命。特别是在砂卵石地层，盾构刀具往往磨损严重，容易破损和脱落（图 1.4），经常导致工程事故的发生，给整个工程的工期和造价带来严重的影响，甚至威胁人的生命。

刀盘及刀具磨损主要是由于其外表面与掌子面接触摩擦而产生的，可以通过对刀盘及刀具表面添加润滑剂，减小摩擦力和摩擦热来降低磨损，延长刀盘及刀具的使用寿命。

(a) 刀圈破损   (b) 面板磨穿

图 1.4　刀盘及刀具磨损

4. 螺旋出土器喷涌

螺旋出土器喷涌易出现在高水压强渗透性粗颗粒土地层，原因是土舱和螺旋出土器内的土体不能完全有效地抵抗开挖面上较高的水压力，从而在螺旋出土器的出口处发生喷砂、喷泥和喷水的现象。螺旋出土器严重喷涌会导致出渣速率难以有效控制，土舱内压力急剧下降，进而引发地层变形过大甚至开挖面失稳。螺旋出土器轻度喷涌虽然不至于威胁地层的稳定性，但是频繁性喷涌会导致泥水喷射在隧道内，影响施工环境，进而导致设备污渍不堪（图 1.5）。为避免拼装接缝止水效果不佳，需要用水冲刷管片，这会严重影响施工效率，给施工人员带来极大困扰。

(a) 螺旋出土器出口喷涌

(b) 拱底淤泥

(c) 管片布满污泥

图 1.5 螺旋出土器喷涌[13]

1.2.2 渣土改良状态评价

1. 渣土改良的作用

土压平衡盾构施工中刀具切削后的渣土流入土舱，通过螺旋出土器排出。当盾构机切削下来的渣土未具有良好的流塑性、较低的抗剪强度和黏附强度、较小的渗透系数和一定的压缩性时，需要对切削下来的渣土进行改良，使其具有良好的物理力学特性，进而确保盾构顺利掘进。

渣土改良是通过盾构配置的专用装置向刀盘面、土舱内、螺旋出土器内注入不同种类的添加剂，利用刀盘的旋转搅拌装置、土舱搅拌装置、螺旋出土器旋转搅拌装置使添加剂与渣土混合，从而改良渣土的物理力学性能，改善盾构机开挖环境的一种方法。渣土改良一般流程如图 1.6 所示。渣土改良剂的主要功能有：

（1）提高掘削渣土流塑性，有利于提高出土效率、保持掌子面稳定以及控制地表沉降等；

（2）提高掘削渣土渗透性，避免开挖面因排水固结而造成较大的地表沉降或坍塌事故，防止或减轻螺旋出土器排土时的喷涌现象；

（3）润滑土体颗粒，降低渣土的内摩擦角和黏聚力，减少渣土对刀盘及刀具的磨损，降低刀盘扭矩，提高土舱内渣土的可塑性，防止渣土黏附在刀盘上结成泥饼；

（4）提高土舱内渣土的和易性，使切削下来的渣土顺利快速进入土舱并利于螺旋出土器顺利排土；

（5）使渣土具有较好的土压平衡效果，并使盾构机前方土压计反映的土压数值更加准确，更有利于稳定开挖面控制地表沉降；

（6）冷却，适当降低刀盘及刀具的工作温度。

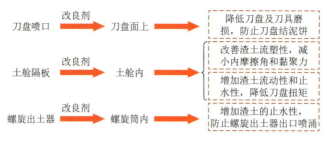

图 1.6 渣土改良一般流程

2. 渣土改良状态评价指标

为了使土压平衡盾构顺利施工，土舱内渣土的力学性质应满足一定的物理力学特性，一般指渣土应具有良好的塑性流动状态，即流塑性。就具体的土体性质而言，从土力学角度分析，盾构机土舱内渣土的塑性流动状态评价应包括抗剪强度、压缩性、流塑性、渗透性、黏附性和磨蚀性等六个方面，具体如下。

1）抗剪强度

渣土的抗剪强度对盾构机内的开挖装置和排土机械的损耗有着直接影响。通过减小渣土的内摩擦角，可以减小土体与土舱侧壁的摩擦力，从而有效防止盾构土舱和刀盘开口发生闭塞；通过减小开挖刀盘和刀头所受土体的抗力，可以大大降低对开挖刀盘和刀头的磨损；通过降低开挖土体的强度，可以有效减小刀盘的扭矩，以及能量的消耗。更重要的是，在较高的抗剪强度下，扭矩的上升会导致盾构机无法继续施工。从安全性和经济性两方面来考虑，降低开挖土体的强度都是必要的。

盾构渣土需要有较小的抗剪强度，添加改良剂可以显著降低渣土内摩擦角。Efnarc[14]提出了渣土合理的不排水抗剪强度应为 10～25kPa。目前，渣土抗剪强度的确定方法主要包括以下几种。

（1）直剪试验。

将渣土放入直剪盒内，施加法向压力后开始进行剪切，即可得到渣土的抗剪强度。在实际施工过程中，土舱内及刀盘前方的渣土受改良剂的影响，具有一定的保水性，且盾构在掘进过程中渣土来不及排水，因此室内试验一般采用直剪试验得到土样的不排水抗剪强度，进而对渣土的状态进行评价。

（2）十字板剪切试验。

十字板剪切试验是一种用十字板测定饱和软黏性土不排水抗剪强度和灵敏度的试验。该试验将十字板头由钻孔压入孔底砂土中，以均匀的速度转动，通过测量系统测得其转动时所需力矩，直至土体破坏，从而计算出土体的抗剪强度。大气压条件下土样的不排水抗剪强度 τ_s 的计算公式为

$$\tau_s = \frac{6T}{7\pi D_v^3} \qquad (1.1)$$

式中， T 为剪切扭矩； D_v 为十字剪切板的直径。

此外，Mori 等[15]自主研制了一套可以测定一定压力下渣土抗剪强度的十字板剪切试验装置（图1.7）。在该试验中，将改良后的土样装入试样腔后，通过竖向压缩的弹簧施加法向压力，同时旋转弹簧进行剪切试验，监测不同改良参数下的最大扭矩，依此计算改良土样的不排水抗剪强度。

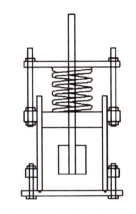

（3）大型锥入度试验。

大型锥入度试验是将一定质量的圆锥从土样表面落下，以测量圆锥在土样中的锥入深度[16]。大型锥入度试验装置如图1.8所示。该试验本质上仍然是测量土样的不排水抗剪强度，利用式（1.2）可求得土样的不排水抗剪强度 τ_s ，即

图 1.7   可带压十字板剪切试验装置[15]

$$\tau_s = \frac{K_a W}{d^2} \qquad (1.2)$$

式中， K_a 为理论圆锥角系数（ $K_{30} = 0.85$ ， $K_{45} = 0.49$ ， $K_{60} = 0.29$ ， $K_{75} = 0.19$ ，下标表示圆锥角的度数）； W 为圆锥的质量； d 为圆锥的锥入深度。

图 1.8   大型锥入度试验装置[16]

通过开展大型锥入度试验，Merritt[17]得到的渣土不排水抗剪强度与室内大气压条件下十字板剪切试验得到的结果基本一致，因此可用此试验得到的抗剪强度评价渣土改良前后的抗剪强度变化。

2）压缩性

渣土应具有一定的压缩性，以便在螺旋出土器转速和盾构掘进速度发生变化时，可以在一定程度上抑制土舱压力发生较大的波动。通过在开挖下来的土体中加入改良剂可以增加土体的压缩性，同时也会使土体的均质性得到提高。在土压平衡盾构施工中，承压隔板上传递的压力经常会有或大或小的波动。当土舱内土体的可压缩性较大时，就可以对压力的忽然变化做出有利的响应，从而更好地对开挖面的稳定性进行控制。一般情况下，若土舱内渣土压缩性很小或者不可压缩，则盾构机的推进速度和螺旋出土器转速即使有微小的变化也会引起较大的压力变动，从而引起开挖面的失稳。当然，过大的压缩也容易造成排水固结，形成泥饼。

Houlsby 等[18]指出可运用罗氏固结仪（图1.9）测量一定竖向压力下试样的压缩量（竖向位移）。通过分析上部压力与竖向位移的关系，可以求出土体的压缩系

数，以评价改良前后渣土的压缩性。压缩性越好（并非越大），越有利于盾构施工中掌子面的压力控制，土舱压力波动性就越小。但该仪器仅适用于测定细粒土的压缩系数，对于粗粒土，考虑到因颗粒尺寸增大而带来的边界效应，应选用相应大尺寸压缩仪进行试验。

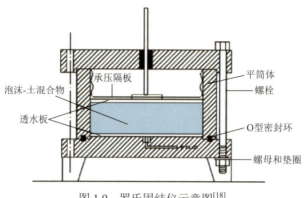

图 1.9　罗氏固结仪示意图[18]

3）流塑性

土舱内土体的流塑性直接决定了螺旋出土器的排土状态。土体的流塑性越好，螺旋出土器的排土量越容易控制，从而可以较好地控制开挖面的稳定。目前，渣土流塑性的评价指标主要包括以下几种。

（1）坍落度。

坍落度试验原本为测试混凝土和易性的重要手段，近年来，国内外众多学者将其引入盾构渣土改良领域，用坍落度评价改良渣土的流塑性。表 1.1 为不同研究人员建议的渣土理想改良坍落度范围。

表 1.1　渣土理想改良坍落度范围

研究人员	坍落度/mm	研究人员	坍落度/mm
Ye 等[12]	170～200	Pena[23]	100～150
Quebaud 等[19]	120	张凤祥[24]	100～150
Jancsecz 等[20]	200～250	Vinai 等[25]	150～200
乔国刚[21]	100～160	Peila 等[26]	150～200
Martinelli 等[22]	150～200	Budach[27]	100～200

除了室内物理试验，Azimi[28]将改良渣土作为宾汉姆流体，对坍落度试验结果进行数值模拟，通过对改良渣土进行形态分析，采用概化模型（图 1.10）计算改良渣土的屈服应力，以此评价渣土的流塑性。

（2）黏稠指数。

一般地，可用黏稠指数来表征黏土的黏稠状态，进而评价其流塑性，黏稠指数按照式（1.3）计算：

$$I_C = \frac{W_L - W}{W_L - W_P} \tag{1.3}$$

式中，I_C 为黏稠指数；W_L 为土样的液限；W_P 为土样的塑限；W 为土样的含水率。

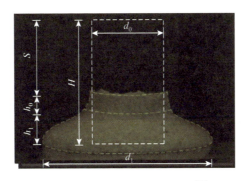

图 1.10 渣土坍落度概化模型[28]

S-坍落度；h_0-颈部高度；h_1-底部高度；H-试样初始高度；d_0-试样上部初始直径；d_1-试样底部延展度

一般认为，黏土的黏稠指数需要控制在 0.4～0.75，不排水抗剪强度需要控制在 10～25kPa，此时认为渣土具有较好的流塑性，并能够很好地满足盾构排土的要求。

（3）流动度。

李培楠等[29]应用水泥胶砂流动度测定仪（图 1.11）评价粗细颗粒混合的黏性渣土流塑性，该仪器由锥形筒和可以上下震动的玻璃底板组成，《水泥胶砂流动度测定方法》（GB/T 2419—2005）规定，土样分层填满锥形筒后先将筒提起，然后将玻璃板上下震动 25 次，测定试样的上表面直径，依此评价渣土的流塑性。Oliveira 等提出在提起锥形筒后首先测定试样上表面的直径 m_0，然后将玻璃板上下震动 40 下，再次测定试样上表面的直径 m_{40}，由式（1.4）计算得到试样直径变化率 F_{40} 以评价渣土的流塑性，即

图 1.11 水泥胶砂流动度测定仪[29]

$$F_{40} = (m_{40} - m_0) / m_0 \tag{1.4}$$

式中，F_{40} 为玻璃板上下震动 40 下后试样直径变化率；m_0 为试样初始上表面直径；m_{40} 为玻璃板上下震动 40 下后试样上表面直径。

（4）稠度。

Langmaack[30]提出可通过稠度试验评价渣土的流塑性。试验仪器（水泥砂浆稠度仪）主要由带滑杆的圆锥体（锥体高 145mm，锥底直径为 75mm，质量为 300g±2g）和圆锥形金属筒容器组成（图 1.12）。试验时，先将搅拌均匀的渣土装入圆锥形金属筒容器内，距容器上口约 1cm 时按测试规定捣实土样，然后使圆锥体自砂浆表面中心处自由下沉，经 10s 后测读下降距离，即该砂浆的稠度，又称为沉入度，依此评价渣土的流塑性。

图 1.12　水泥砂浆稠度仪

4）渗透性

当土舱内渣土具有较低的渗透性时，能够减小由地下水的入渗导致开挖面坍塌的风险；当土舱内渣土的渗透性控制在一个较小的范围内时，可以防止螺旋出土器出口发生喷涌。因此，为了防止螺旋出土器喷涌、开挖面失稳等问题，盾构土舱内的渣土需要具有较好的止水性。将泡沫等改良剂注入粗颗粒地层中，能够有效填充渣土内孔隙，切断水的渗透通道，减小渣土的渗透性。渗透试验是测定渣土渗透性最直接的方法。为了保障盾构顺利掘进，国内外众多学者对改良渣土的渗透性提出了要求，如表 1.2 所示。渣土改良目标一般是将土体的渗透系数控制在 10^{-5}m/s 以下，由于地质条件、地下水位、盾构形式等差异，渗透系数取值会有一定的差别。另外，Budach 等[27]建议考虑盾构停机情况下土舱内渣土滞留时间，渣土渗透系数维持在规定值以下的时间至少达到 90min。

表 1.2　渣土的合理改良渗透系数范围

研究人员	渗透系数/(m/s)
朱伟等[13]	$<(1.5\sim2.3)\times10^{-7}$
马连丛[31]	$<(4.67\sim9.55)\times10^{-7}$
Quebaud 等[19]	$<10^{-5}$
Budach 等[27]	$<(1.5\sim2.3)\times10^{-7}$

5）黏附性

在盾构掘进过程中经常需要穿越黏性地层，此时渣土易黏附于盾构刀盘、刀具等金属材料上，在高温高压下极易形成泥饼，并造成刀具偏磨等问题，严重影响掘进效率。添加改良剂能够显著降低土体与金属界面间的黏附强度，进而避免渣土的饼化。目前，国内外对渣土黏附性的评价主要有以下几种试验方法。

（1）液塑限试验。

液限表征土体由流动状态转入可塑状态的界限含水率，塑限表征土体由可塑状态转变为坚硬状态的界限含水率,结合土体的实际含水率,可判定土体的黏附性。目前,测定渣土液塑限最常用的仪器是液塑限联合测定仪,该仪器适用于粒径不大于 0.5mm、有机质含量不大于试样总质量 5%的土样。

Hollmann 等[10]基于土的界限含水率和实际含水率等提出了黏性地层盾构结泥饼风险的评价方法(图 1.13,其中 I_P 为塑性指数,I_C 为黏稠指数)。通过对渣土的液限 W_L、塑限 W_P 和实际含水率 W 进行测量,进而计算黏稠指数。对照图 1.13 即可判断渣土的结泥饼风险,但此方法仅适用于未改良渣土,不能评价改良后的渣土。

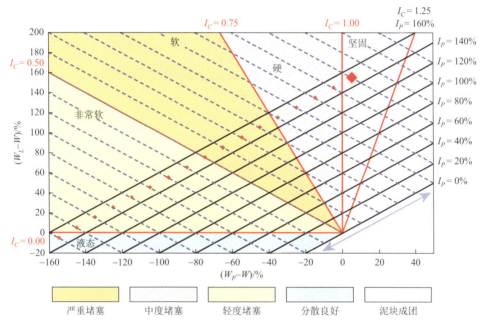

图 1.13 未改良黏性渣土结泥饼风险判据[10]

(2)搅拌黏附试验。

如图 1.14 所示,Zumsteg 等[32]将搅拌器伸入装有一定土样的置样器内搅拌一定时间,测定最终黏附在搅拌器上土样的质量,进而计算土样的黏附率 λ,黏附率 λ 越大代表土样的黏附性越强,黏附率 λ 的计算式为

$$\lambda = \frac{G_{\mathrm{MT}}}{G_{\mathrm{TOT}}} \tag{1.5}$$

式中,G_{MT} 为黏附在搅拌扇叶上土样的质量;G_{TOT} 为搅拌土样的总质量。

(3)旋转剪切试验。

Zumsteg 等还设计了能够测定黏土与金属界面切向黏附强度的试验装置——旋转剪切仪(图 1.15)。该试验装置将金属剪切圆盘埋于土样中,对试样腔施加一定压力，使金属剪切圆盘在一定土压下进行旋转剪切，并记录剪切所需的扭矩 T，按照式（1.6）即可换算为黏土-金属界面的黏附强度。

(a) 搅拌器　　　　　　　　　　(b) 搅拌过程　　　　　　　　　(c) 称量

图 1.14　渣土黏附率测定装置[32]

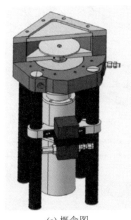 

(a) 概念图　　　　　　　(b) 实物图

图 1.15　旋转剪切仪[32]

黏土-金属界面的黏附强度 α_c 为

$$\alpha_c = \frac{6T}{\pi D^3} \tag{1.6}$$

式中，T 为旋转扭矩；D 为圆金属板的直径。

（4）拉拔试验。

Feinendegen 等[33]和 Spagnoli 等[34]提出了一种评价黏土黏附性的试验装置——锥形金属拉拔试验仪（图 1.16），该装置由锥形金属块、试样腔和拉拔系统等组成。试验时，首先将试样腔内填满渣土，然后将锥形金属块压入土样一段时间，再缓慢提起锥形金属块，以金属块所受拉力和黏附土样质量评价渣土的黏附性。另外，Sass 等[35]进一步研制了一套测定黏土-金属界面法向黏附力的装置——圆形金属块拉拔试验仪（图1.17），该仪器上方的金属块为圆柱体，其与 Feinendegen 等[33]设计的仪器试验步骤基本相同，二者均是通过拉力来评价黏土的黏附性。

图 1.16 锥形金属拉拔试验仪[33, 34]

图 1.17 圆形金属块拉拔试验仪[35]

6）磨蚀性

渣土是刀盘和刀具磨损的主要原因之一，渣土性能好，可有效减少刀具的二次磨损，渣土改良不佳则会加速刀盘和刀具的磨损。当盾构机穿越高硬度矿物（如石英等）含量较大的地层时，渣土往往容易对盾构刀盘和刀具等造成过量的磨损，进而引起掘进效率低、换刀频繁等工程问题。基于此，部分学者研究了岩石对刀盘及刀具的磨损性，并提出了一些比较经典的试验评价指标，但这些指标的测定往往需要依托大型试验设备，且测试过程比较烦琐。针对此问题，Peila 等[36]和 Küpferle 等[37]研制了渣土磨蚀性测定装置，如图 1.18 所示。二者均采用旋转金属盘或刀具的磨损率 α_0 表征改良渣土的磨蚀性，表达式如下：

$$\alpha_0 = \frac{m_t - m_s}{m_t} \tag{1.7}$$

式中，m_s 为磨损后金属刀盘或刀具的质量；m_t 为磨损前金属刀盘或刀具的质量。

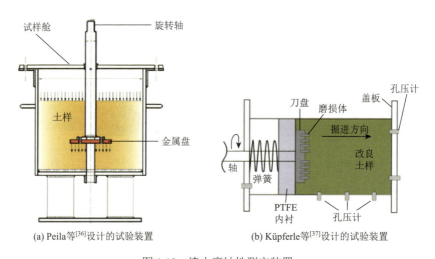

(a) Peila等[36]设计的试验装置   (b) Küpferle等[37]设计的试验装置

图 1.18　渣土磨蚀性测定装置

PTFE-聚四氟乙烯

1.2.3　常用渣土改良剂

在盾构施工中，渣土改良剂对盾构掘进的辅助作用十分明显。一方面，渣土改良剂的合理使用能够保障渣土具有良好的流塑性，较低的黏附强度、内摩擦力和透水性；另一方面，良好的渣土能有效降低刀盘磨损，增加开挖面稳定并使排土顺畅，降低扭矩及推力，有效保护盾构设备，使盾构掘进安全可控，从而加快施工进度，提高经济效益。目前，在盾构施工中，主要的渣土改良剂有矿物类、界面活性剂类、水溶性高分子类和高吸水性树脂类，以上四种渣土改良剂比较如表 1.3 所示。

表 1.3　常用渣土改良剂比较

种类	代表性材料	特性	适用范围	主要效果	特征
矿物类	膨润土泥浆	pH: 7.5~10 黏度: 2~10Pa·s	细粒含量少、透水性高地层	提高不透水性、流塑性	制浆和输送设备需较大的空间
界面活性剂类	发泡剂	pH: 7.3~8 黏度: 0.003~0.2Pa·s	各种地层	提高不透水性、流塑性,防止黏附	输送和使用便捷,消泡后渣土能恢复原来状态
水溶性高分子类	CMC	pH: 6.5~8 黏度: 0.5~15Pa·s	无黏性土地层	增大黏性	在黏性砂土层有时会因黏土变硬而出现堵塞
高吸水性树脂类	环氧树脂	pH: 8 黏度: 0.7~2Pa·s	含水量高地层	渣土变成凝胶状态,防喷涌	在强酸、强碱等地基中吸水能力降低

注: CMC 为羧甲基纤维素。

目前,在工程实践中采用最多的改良剂为水、膨润土泥浆、发泡剂以及高分子聚合物等四种添加剂,不同的添加剂作用原理不同。在实践过程中,根据地质情况,选择一种或多种添加剂作为渣土改良剂,以此来改善渣土的强度、渗透性、流塑性等指标,下面简单介绍各种添加剂的作用原理。

1) 水

土体含水率对其自身性质影响极大,水的改良作用主要表现在以下几个方面:①对于粗粒土及岩质地层,通过向盾构刀盘及土舱内注水,可以减小刀具的磨损,降低刀具、刀盘和渣土的温度,同时能够改善渣土的流塑性;②对于黏性土地层,通过向盾构刀盘及土舱内注水,不仅可以改变渣土的流塑状态,便于盾构出渣,还可以降低渣土黏附性,防止渣土附着于刀盘或土舱隔板;③通过向刀盘和土舱内注水,可以使渣土具有合适的含水率,进而配合其他改良剂对渣土进行联合改良,达到最佳改良效果。例如,当渣土含有适量的水分时才能注入发泡剂,否则泡沫极易破灭,难以达到理想的改良效果。

2) 膨润土泥浆

膨润土泥浆主要适用于含泥量较少的砂、砂卵石,以及石英含量较高、有裂隙水的地质。膨润土又称膨土岩、斑脱岩,有时也称白泥,主要是由蒙脱石类矿物组成的黏土,蒙脱石含量占总质量的 30%~80%。蒙脱石结构是由两个硅氧四面体夹一层铝氧八面体组成的 2:1 型晶体结构,蒙脱石晶胞中存在一些层状结构的阳离子,如 Cu^{2+}、Mg^{2+}、Na^+、K^+ 等,而阳离子与蒙脱石晶胞之间的作用力较弱,极其不稳定,从而导致这些阳离子易被其他阳离子替换,因此膨润土的离子交换能力较强。蒙脱石层间阳离子的类型决定了膨润土的类型,当层间阳离子为 Na^+ 时,称为钠基膨润土;当层间阳离子为 Ca^{2+} 时,称为钙基膨润土。目前,在工程中使用较多的是钠基膨润土。

钠基膨润土颗粒晶胞间靠微弱的分子间作用力连接,且晶胞连接不紧密。当钠基膨润土颗粒接触水时，水分子容易进入膨润土颗粒的晶胞之间，导致晶格膨胀，通常膨胀至原体积的 10~40 倍。同时，渗流通道变窄，极大地降低了砂土的渗透系数。最后，膨润土泥浆会变成膏脂状（泥膜），渗透系数小于 $1.0 \times 10^7 \mathrm{m/s}$，几乎不透水。膨润土水化后与渣土颗粒的作用过程如图 1.19 所示。

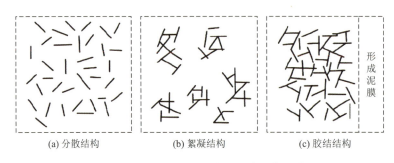

(a) 分散结构   (b) 絮凝结构   (c) 胶结结构

图 1.19　膨润土水化后与渣土颗粒的作用过程

膨润土具有较强的吸湿膨胀性、低渗性、高吸附性以及良好的自封闭性。膨润土遇水膨胀，这种自然现象产生的主要原因是膨润土吸水后矿物晶层间距加大，在极性水分子的作用下，由于静电引力较小，钠基膨润土晶层之间可以产生较大的晶层间距，水分子进入矿物的晶层，可吸附自身体积 8~15 倍的水量，体积膨胀可达 30 倍。膨润土按照一定的配比水化形成泥浆后，填充于土颗粒之间的缝隙，形成不透水的凝胶状态，阻止渣土中地下水的流动，从而大大提高土体的抗渗透能力，在螺旋出土器开口处形成"瓶塞"效应，有效防止喷涌的发生。同时，膨润土泥浆与渣土颗粒混合后，在渣土颗粒外表面形成一层泥膜，进而减小了土体颗粒之间的内摩擦角，提高了颗粒间的黏聚力和渣土的流塑性，增加了渣土外排的流畅性，避免了刀盘表面和土舱内产生泥饼，降低了渣土对刀具及螺旋出土器的磨损。膨润土泥浆与砂土作用形成混合土体的过程如图 1.20 所示。

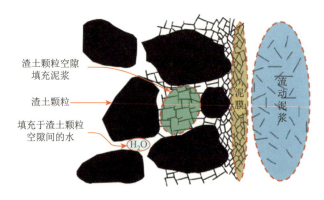

图 1.20　膨润土泥浆与砂土作用形成混合土体的过程

综上，膨润土对渣土的改良作用主要表现在以下几个方面：①降低土体的渗透系数，使其具有较好的止水性，以控制地下水流失；②提高土体的保水性，防止渣土离析、沉淀板结；③使渣土具有较好的土压平衡效果，利于稳定开挖面，控制地表沉降；④使土体具有较小的内摩擦角，降低刀盘扭矩，减少对刀具和螺旋出土器的磨损；⑤使切削下来的渣土具有良好的流塑性，利于螺旋出土器顺利排土，提高掘进速度。

3) 发泡剂

实际工程中，泡沫可以通过一定的设备加发泡剂发泡而成，主要是在盾构开挖过程中，按照一定泡沫注入率（foam injection rate，FIR）向土体中加入泡沫，通过泡沫对土体进行改良，使开挖土体呈牙膏状的"塑性流动状态"，保证盾构的顺利进行。发泡剂适用于颗粒级配相对良好的砂土，多用于细颗粒土层中，一般在渗透系数较大（超过 10^{-5} m/s）的粗颗粒土层中不宜使用。泡沫中的气体很容易泄漏逃逸，无法有效地与砂土混合成弹性体，从而导致渣土沉淀和板结。

发泡剂是一种表面活性材料，它是土压平衡盾构在隧道中施工的一种辅助材料，由发泡剂、稳泡剂、净洗剂、乳化剂、渗透剂等多种表面活性剂调制而成（图 1.21）。发泡剂属于典型的气-液二相系，其 90%以上为空气，不足 10%为发泡剂溶液，而发泡剂溶液 90%～99%为水，其余为发泡剂。发泡剂分子包括亲水基和憎水基两部分，在溶液中趋向集中在液体和气体的分界面，使溶液具有发泡功能。稳泡剂的主要作用是降低泡沫的消散性，提高泡沫在土体中的稳定性。泡沫中的分子有强烈的吸附作用，能够吸附于土颗粒的表面，形成一层稳定的膜，因此泡沫的加入能够降低土颗粒之间的表面张力，减少土颗粒之间的接触，提高渣土的流塑性（图 1.22），进而降低刀盘和螺旋出土器的扭矩，提高渣土外排的功效。同时，泡沫还可有效填充土颗粒之间的缝隙，置换土颗粒间隙中的水分，从而降低土体的渗透系数，避免排土过程中出现"喷涌"现象。此外，气泡具有可压缩性和润滑作用，因此可以提高渣土的可压缩性，降低结泥饼问题发生的概率，有效提高施工效率，加快掘进速度。

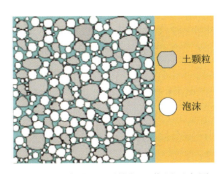

图 1.21 土压平衡盾构刀盘喷出的泡沫　　图 1.22 泡沫-土颗粒相互作用示意图

综上，发泡剂对渣土的改良作用主要表现在以下几个方面：①发泡剂中含有水基润滑防锈成分，可以保护刀盘，有效降低磨损与锈蚀对盾构机的损坏；②具有良好的润湿性、渗透性、发泡性、稳泡性，可以保持丰富的泡沫；③提高土层的工作性能，使其形成塑性变形，以提供均匀可控的支撑压力，从而使工作面稳定；④减少渗漏，加强工作面的密封性，抗渗透性强，使整个掘进面传动均匀，工作面压力减小，有利于调整土舱压力，保持盾构机掘进姿态，控制地表沉降；⑤润滑效果优异，减小开挖土体的内摩擦角和刀盘扭矩，提高渣土的流塑性，改善盾构机的作业参数；⑥降低土体黏度，防止土体黏附在土舱壁及刀盘上，土体不固结、不结饼，防止堵塞发生；⑦可生物降解，对土壤环境无污染。

4）高分子聚合物

高分子聚合物包括高吸水性树脂类和水溶性高分子类材料，它是一种长链分子有机化合物，既可单独使用，也可与膨润土及泡沫混合使用。该类材料常应用于黏土和砂砾层的土体改良，对于盐浓度高的海水和金属离子较多的地层以及强碱强酸性地层，高分子聚合物的吸水性能会大大降低。高分子聚合物对渣土改良可以起到立竿见影的效果，但是价格非常昂贵，一般仅作为辅助措施配合其他材料进行渣土改良。高分子聚合物的主要性能有：①可以吸收比自重大几百倍的地下水，形成凝胶状态，使渣土变得干燥，防止发生喷涌；②能够附着于黏土、淤泥以及泥质砂层的表面，形成非常黏稠的保护膜，渣土呈流塑性较强的果冻或牙膏状体；③能够有效填充砂土颗粒的间隙，从而减少颗粒之间或渣土与设备壳体之间的摩擦；④黏性土地层中使用适量的高分子聚合物可防止刀盘前及土舱内结泥饼；⑤连接混合土中的微小颗粒，增强掌子面附近土体水的黏性，从而降低土体的渗透性。

综合高分子聚合物的性能特征及其在实际施工过程中的应用效果，高分子聚合物作为砂卵石等粗颗粒渣土改良剂使用时，主要具有高吸水性、黏聚性、悬浮性以及抗磨损性等。具体地，高分子聚合物的主要作用机理为当渣土中加入高分子聚合物时，高分子聚合物中的长链团状结构会黏附在渣土颗粒表面，并将接触的颗粒黏结在一起，从而提高渣土的塑性和渗透性（图1.23）。另外，水溶性高分子聚合物加入土体后因吸水而膨胀，使混合土体变得干燥，从而有效防止发生喷涌。同时，水溶性高分子聚合物吸收土颗粒之间的水，使得泡沫较容易地进入土颗粒之间，增强土体的流塑性，从而起到改良土体的作用。此外，水溶性高分子聚合物作为一种增稠效果比较好的表面活性剂，其较好的黏附性及结构稳定性，对减小刀具切削土体过程中产生的摩擦起到了较好的润滑、冷却作用。

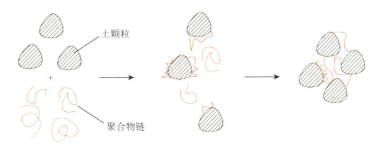

土颗粒

聚合物链

图 1.23　高分子聚合物在土体中的作用机理示意图

目前，工程上最常采用的是膨润土和发泡剂两种材料进行渣土改良（因其造价低廉），只有在喷涌发生时，才采用高分子聚合物进行处理。因此，本书主要针对土压平衡盾构泡沫渣土改良进行深入分析和研究。

1.3　国内外研究现状

1.3.1　泡沫基础特性研究现状

盾构机泡沫改良主要是将产生的泡沫与盾构机掘削的渣土混合，从而达到改良渣土物理力学性能的目的。显然，泡沫自身的基础特性对于改良渣土的效果是基础的，影响是重大的。泡沫是不溶性气体在外力的作用下进入液体中形成气-液的分散体，工程中所使用的泡沫需要具有较大的发泡率、与渣土的良好适应性以及一定时间的稳定性，以达到节约成本的目的，并起到提高施工性能的作用。

对于泡沫基础特性，国内外学者已经做了一定的研究，主要研究方向集中在发泡剂起泡性能的评价方法、发泡剂性能影响因素、泡沫表面活性剂复配三方面。

1）发泡剂起泡性能的评价方法研究现状

发泡剂种类较多，其自身结构和起泡方式具有多样性，因此目前还没有一种能够全面、准确地评价发泡剂的起泡能力、稳定性以及强度的方法。准确评价发泡剂性能有助于发泡剂的合理使用，因此如何评价发泡剂的性能一直是研究者努力的方向。目前，发泡剂性能的评价方法主要有传统的机械方法和现代的微观方法。

对于传统的机械方法，Ross[38]提出了通过搅拌、振荡等传统的机械方式产生泡沫，为研究传统起泡能力的评价方法奠定了基础。Ross 等[39]率先提出了用一定量的试液以一定的速度撞击液面而产生不同泡沫体积的方式来评价泡沫的起泡能力及泡沫稳定性，随后被美国材料与试验协会及《表面活性剂　发泡力的测定　改进 Ross-Miles 法》（GB/T 7462—1994）[40]作为最为常用的标准测试方法。然后又有气流法[41]（又称 Bikerman 法，是一种将固定流速的气体通过装有一定量发泡剂的容器，记录泡沫的体积及半衰期的评价方法）、搅拌法[42]（又称 Waring-Blenber 法，是一种对一定量的起泡液在相同容器中进行搅拌，并测量发泡体积与质量半衰期的方法）、震荡法（是一种以一定的方式对装有一定体积发泡剂的容器进行震荡，并记录泡沫体积的方法）等传统的起泡评价方法被提出。

对于现代的微观方法，发泡剂起泡性能的评价方法主要采用科技含量较高的仪器来对泡沫的性能进行研究，主要方法有电导率法、近红外扫描仪法、光电法、高能粒子法、显微法、声速法等，这些方法主要依据的原理分别是泡沫中液相导电而气相不导电、泡沫状态的变化会改变光线的散射率和透射率、泡沫液膜状态的变化会使检测到的光电信号产生变化、利用 X 射线成像技术对泡沫进行跟踪测量、利用共焦显微镜来观察示踪荧光乳胶球的变化来解释边界内的液体流动情况、利用声波对泡沫含液率进行检测等，以了解泡沫的排液情况。

对于上述起泡性能的评价方法，许多学者也进行了优缺点评估，并提出了发泡剂起泡性能的评价方法。

周凤山[43]对发泡剂的概念、起泡能力、泡沫稳定性、泡沫流变性、泡沫悬浮能力等给出了具体含义及一般性结论。Sethumadhavan 等[44]认为泡沫的起泡方式对发泡剂在混合液中的分布有重要影响，并指出搅拌法能够使发泡剂在液体中均匀分布。王莉娟等[45]综述了发泡剂的气泡性能，介绍了体积法、电导率法和压力法等常用的起泡检测手段并评价了其优缺点，分析了评价起泡性能手段的发展情况。王琦等[46]综述了气流法、搅动法、近红外扫描仪法、电导率法等传统与现代的泡沫性能评价方法，并讨论了各种评价方法的优缺点，得出了泡沫稳定性的影响因素，并提出了改变泡沫稳定性的方法。Ramesh[47]在研究中指出，简单方便的泡沫搅拌法对低黏度液体的起泡性能测试意义重大。陈洋等[48]对测试发泡剂起泡性能的方法进行了综述，并讨论了各种评价方法之间的优缺点，研究了泡沫稳定性的影响因素，并对泡沫物理性能的评价方法和泡沫稳定性研究的前景进行了展望。

2）发泡剂性能影响因素研究现状

发泡剂的性能主要受其自身结构及外界发泡性能等因素的影响，对发泡剂性能影响因素进行研究有助于合理地使用发泡剂及对所需泡沫进行性能控制。国内外学者对发泡剂性能的影响因素做了较多的研究，影响因素主要包括气泡液膜性质、发泡剂的分子结构以及环境条件等。气泡液膜性质的影响因素主要包括表面张力、表面温度、溶液黏度、表面电荷等，环境条件的影响因素主要包括起泡温度、溶液 pH、压力、溶液中的盐类等。

Natalie 等[49]研究了表面活性剂混合物水溶液中稳定的泡沫膜及其电位，并解释了压力的变化对泡沫半径、排液速度以及稳定性的影响。孔耀祖[50]通过室内试验研究了静态条件下发泡剂的组成、温度、压力、固相含量以及地层水量对泡沫稳定性的影响规律。Sett 等[51]研究了基于两种表面活性剂在不同配比下混合物泡沫的性质，并指出发泡剂自身分子结构的不同会导致液膜的排列方式及扩散方式不同。李小峰[52]通过可改变泡沫性能的新型发泡装置，研究了泡沫浓度和气体流量对泡沫的半衰期、发泡率等性能的影响。邓丽君等[53]以四种常用的气泡表面活性剂为对象，测试了试验对象的表面张力与浓度对气泡大小的影响，得出了发泡剂的发泡临界浓度。

　　3）泡沫表面活性剂复配研究现状

　　发泡剂按照其液体中离子的类型可分为阳离子、阴离子、非离子以及两性离子表面活性剂。不同类型表面活性剂之间的影响一直是研究学者关注的焦点，合理的表面活性剂配比能够起到提高起泡性能及稳定性的作用，这也是发泡剂能够直接应用于实际的研究。

　　周莉等[54]研究了 PEP（环氧乙烷 EO 和环氧丙烷 PO 嵌段共聚物）型非离子表面活性剂分别与十二烷基苯磺酸钠（sodium dodecyl benzene sulfonate，SDBS）、十二烷基硫酸钠（sodium dodecyl sulfate，SDS）表面活性剂复配的泡沫性能，并讨论了发泡剂浓度及配比对泡沫性能的影响。陈伟章[55]考察了表面活性剂、表面张力与泡沫发泡性能的影响关系，并研究了不同类型表面活性剂自身性能及其相互之间的复配协同作用，同时建立了气泡液膜的微观分析模型，研究了界面点位及电解质浓度对液膜间作用力的影响，最后将复配的泡沫产品进行了实际灭火应用。朱俊易[56]为了解决国内发泡剂多数依赖进口的问题，选取了几种常用类型的表面活性剂进行泡沫基础性能与复配试验，按照现场施工使用要求进行了配方研制，得到了性能较好的自主泡沫产品。黄秋霞[57]针对泡排剂存在的高成本、低工艺效率等问题，采用 Ross-Miles 法对十多种起泡剂的耐高温性、耐盐性以及抗油性进行了测试，确定了发泡剂最优浓度，并利用发泡剂之间的复配性能，研制出了针对其研究工况的泡排体系。

1.3.2　改良渣土力学行为研究现状

　　1. 黏性渣土力学行为

　　在黏性地层中，土体黏粒含量较高，土压平衡盾构在掘进过程中易出现刀盘和土舱结泥饼现象，从而影响盾构机正常掘进。盾构渣土改良是解决上述问题的关键，盾构渣土进行改良后，其压缩性、流塑性和黏附性会发生明显的变化，国内外学者对此进行了研究。

　　1）压缩性

　　当渣土的压缩性较小时，盾构机的掘进速度和螺旋出土器的转速一旦出现较小的变化，就会引起土舱压力较大的波动；若渣土的压缩性过大，则渣土的流塑性较大，螺旋出土器易发生喷涌，不利于盾构出渣控制，因此渣土应具有合适的压缩性。乔国刚[21]对泡沫改良渣土进行了压缩试验，研究表明注入泡沫或水均能够增加渣土的压缩系数，且在相同泡沫注入率下，发泡剂的浓度越高，渣土的压缩系数越大，得出黏性渣土的压缩系数应大于 0.2MPa^{-1} 的结论。

土压平衡盾构在黏性地层中掘进时，若渣土的压缩性较小，则极易发生排水固结使盾构发生结泥饼现象，减缓盾构掘进速度。但目前国内外针对黏性地层渣土的压缩性研究相对匮乏，理想渣土的压缩系数仍缺乏统一的测定方法和标准。

2）流塑性

为确保渣土能够顺利排出，渣土需要具有合适的流塑性，目前评价黏性渣土流塑性的主要方法有坍落度法、黏稠指数法、流动度法和稠度法。坍落度法简单，因此坍落度常用于评价渣土的流塑性。已有研究表明，黏性渣土中加入泡沫后，其坍落度明显增加，即渣土的流塑性增强。Ye 等[12]对大量坍落度试验数据进行拟合，指出泡沫改良泥质粉砂岩地层盾构渣土的坍落度与泡沫注入率和含水率呈二次函数关系。由土样液限、塑限和含水率确定的黏稠指数 I_C 也被用于评价渣土的流塑状态。Maidl 等[58]指出，当改良后渣土的黏稠指数 I_C 达到 0.40～0.75 时，渣土的流塑性比较合适，此种状态的渣土能够有效地传递土舱压力，保持掌子面的稳定。作为一种评价水泥砂浆流塑性的仪器，水泥胶砂流动度测定仪也可用于评价黏性渣土的流塑性。李培楠等[29]根据《水泥胶砂流动度测定方法》（GB/T 2419—2005）相关规定测定震动 25 次后试样上表面的直径，试验结果表明，随着泡沫注入率的增加，震动后渣土的上表面直径增大，即渣土的流塑性增加。Oliveira 等[59]对水泥胶砂流动度测定仪的试验方法进行了改进，采用由式（1.4）计算得到的 F_{40} 评价渣土的流塑性，对于同一种土样，黏稠指数 I_C 越小（含水率越大），F_{40} 越大，但相同黏稠指数的不同土样间，由于黏粒含量不同，F_{40} 有一定的差异，由于试验次数有限，且影响因素较多，未能得出理想渣土的 F_{40}。

综上可知，目前的研究主要是先通过坍落度法、黏稠指数法、流动度法和稠度法等定性对比渣土改良前后流塑性变化，然后根据渣土的理想状态，确定渣土改良参数，但是这些方法也存在一定的局限性。例如，由于缺乏统一的评价渣土流塑性的方法，对理想渣土的评价具有太强的主观性；对改良后渣土流塑性的规律探讨缺乏定量研究，虽然相关学者已建立了泥质粉砂岩地层渣土的坍落度与含水率、泡沫注入率间的关系式，但是此公式中没有以土的物理力学参数作为自变量，因此不能适用于所有黏性渣土。

3）黏附性

为评价黏土与金属界面的黏附性，国内外学者进行了许多创新性的研究。Quebaud 等[19]提出了将土样放置在倾斜的金属板上测定黏土与金属界面的内摩擦角。Peila 等[60]采用类似装置测定了不同改良剂对黏土黏附性的影响，结果表明，加入泡沫和分散剂能够有效地减小黏土对金属界面的黏附性。Zumsteg 等[32]采用小型搅拌机先拌和黏性渣土，然后称取黏附在叶片上的土样质量，依此评价改良剂对黏土黏附性的影响，研究表明，相同含水率下，泡沫和分散剂能够显著减小黏土的黏附性。Oliveira 等[61]将搅拌过土样的叶片放置在一定高度后，使其自由落下，反复几次后再测定黏附在叶片上的土样质量，Oliveira 等认为叶片落下 7 次后留在上面的黏土质量最能反映土样的黏附性，并提出黏性理想渣土的黏稠指数为0.4～0.5，与 Hollmann 等[10]依托现场经验得到的结果相符。

Zumsteg 等[62]设计了一个旋转剪切装置，测定在一定法向压力和旋转速度下黏土-金属界面的黏附强度，研究表明，高岭土和伊利土中加入泡沫或分散剂后，渣土的黏附强度明显减小，钠基蒙脱土中加入泡沫后其黏附强度也会减小，但是在蒙脱土中加入改性聚羧酸盐分散剂后，黏附强度明显增加。传统分散剂在减小渣土黏附强度的同时，也减小了渣土自身的抗剪强度，不利于预防泥饼的形成。Zumsteg 等[62]还提出了一种新的渣土改良思路，即保持渣土的抗剪强度不变，同时减小渣土的黏附强度，基于此思路提出了一种新型渣土改良剂。Liu 等[63]采用与 Zumsteg 等[32]类似的旋转剪切仪测定了黏土-金属界面的抗剪强度随黏稠指数的变化情况，研究表明，不同种类黏土在相同黏稠指数和法向压力条件下的黏附强度也基本相同。Sass 等[35]通过自制的黏附性测定仪研究了粗糙度、金属板的材料对黏土-金属界面黏附强度的影响，结果表明，金属板的材料对黏附强度的影响不大，随着粗糙度的增加，黏附强度先增大再逐渐减小。Basmenj 等[64]采用与 Sass等[35]相似的仪器来测定黏土-金属界面的法向黏附强度，采用直剪仪并将剪切盒的下半部分塞入金属块来测定黏土-金属界面的切向黏附强度，研究了不同黏土含量土样的黏附强度随黏稠指数的变化规律，试验结果表明，在测定含水率内，随着黏稠指数的增加，不同黏土含量渣土的黏附强度逐渐增大。Feinendegen 等[33]先将锥形金属头插入土样中，然后以一定的速度拔出，记录拉力并依此评价黏土的黏附力，研究表明，黏附力随黏稠指数变化的曲线基本呈抛物线形。基于以上研究，Heuser 等[65]和 Spagnoli[66]提出了采用电渗法预防和处理盾构中的结泥饼问题。

黏土-金属界面的黏附强度过大是造成盾构结泥饼问题的最重要原因，当黏土-金属界面的黏附强度大于土样自身的抗剪强度时，盾构结泥饼的可能性就较大；反之，盾构结泥饼的可能性就相对较小[67, 68]。因此，建立黏土-金属界面的黏附强度、渣土抗剪强度与各影响因素之间的关系，通过对比黏土-金属界面的黏附强度和抗剪强度，指出盾构掘进过程中不发生结泥饼时的理想渣土状态，是今后值得研究的方向。盾构在结泥饼过程中，摩擦作用会使渣土温度升高，温度的变化会对渣土改良效果产生影响，目前关于此方面的文献相对匮乏，亟须深入研究。另外，如 Zumsteg 等[62]所述，防止结泥饼的另一个思路是采用多胺类改良剂封闭黏性渣土的表面，防止其因吸水降低抗剪强度。此外，改良剂还能够润滑渣土表面，减小黏土-金属界面的黏附强度，因此达到了既减小黏土-金属界面的黏附强度，又保持渣土的抗剪强度不发生变化的目的，能够有效防止盾构结泥饼的产生。尽管 Zumsteg 等提出的多胺类改良剂含有轻微的毒性，难以在工程现场应用，但是可利用此渣土改良思路寻找一种新型无毒害改良剂，这对盾构结泥饼的防治具有重要意义。

2. 非（低）黏性渣土力学行为

当盾构穿越非（低）黏性颗粒土地层时，渣土改良的主要作用是防止盾构发生喷涌，利于盾构控制出渣量和保持土舱压力，另外还可降低渣土的磨蚀性，减少刀具的磨损量。

1）压缩性

渣土应具有一定的压缩性，以防止土舱压力的突变，Houlsby 等[18]和 Thewes 等[69]采用直径为 75mm、最大加载压力为 240kPa 的罗氏固结仪对改良渣土进行压缩试验，首先在不排水条件下压缩试样，渣土发生瞬时的压缩后，压缩量保持稳定，然后打开排水阀，渣土继续压缩一定量后保持稳定。泡沫改良后的渣土孔隙率远大于原状渣土的最大孔隙率，随着压力增大，孔隙率逐渐降低；泡沫注入率越大，初始孔隙率越大，但不同泡沫注入率渣土在 240kPa 压力下压缩稳定后的孔隙率基本相同。Mori 等[15]研究了泡沫改良渣土在带压状态下的力学行为，主要探究改良渣土所受的总应力、竖向有效应力以及土样孔隙比对其力学行为的影响规律，试验结果表明，试样所受的竖向有效应力及孔隙比 e 是影响改良渣土力学行为的主要参数；当渣土的孔隙比与最大孔隙比的比值 e/e_{max} 达到一定值时，可以阻止有效应力的增加，从而避免改良渣土出现较高的抗剪强度和较低的压缩性。

综上，国内外改良渣土压缩性研究成果相对匮乏，且主要集中于室内基础试验研究，还难以指导现场盾构掘进施工。

2）流塑性

改良剂能够显著改变非（低）黏性渣土的流塑性，国内外学者对此展开了相关研究。乔国刚[21]研究了发泡剂浓度和泡沫注入率对细砂流塑性的影响，发现随着泡沫注入率的增大，土样的坍落度增加，且相同注入比的渣土其坍落度随着泡沫浓度的增大而增大。闫鑫等[70]发现当泡沫注入率相同时，含水率低于某值可增加土颗粒间的黏聚力，过量水会降低土颗粒间的黏聚力，导致坍落度增大。Pena[23]根据坍落度试验提出渣土析水界限，在渣土含水率增大至一定值后，泡沫注入率过大会导致渣土中的水析出，且含水率的增大会导致泡沫注入率界限值降低。相关学者通过福州地铁现场的渣土改良试验发现，单纯使用泥浆和羧甲基纤维素（CMC）改良饱和渣土，其坍落度难以满足要求，需要额外加入聚丙烯酰胺（polyacrylamide，PAM）才能有效改良渣土。Peila 等[26]将坍落度试验结果与 Quebaud 等[19]的试验结果进行对比，发现相同含水率下，渣土坍落度与泡沫注入率呈线性增大关系。Vinai 等[25]发现通过拟合公式计算的结果与 Peila 等[26]得出的结果一致，并且指出泡沫和水作为润滑剂分别作用于粉黏土和颗粒土。

关于颗粒级配对渣土流塑性影响的研究成果较少。Peila 等[71]对四种不同级配的改良砂土进行坍落度试验，发现砂土中各粒径颗粒的占比对泡沫和水的改良效果有较大影响，当砂土中粒径较大的颗粒含量较高或者整体颗粒尺寸过大时，合理改良参数区域范围缩小，泡沫和水甚至无法使渣土达到理想改良状态。

此外，改良时间和温度对坍落度也存在一定的影响。乔国刚[21]针对停机时渣土在土舱内滞留时间较长的问题，探究了泡沫改良渣土坍落度随改良时间的变化规律，发现坍落度随着改良时间的增加而逐渐减小。Peila 等[71]考虑了改良时间和温度对坍落度的影响，发现随着温度的增长，改良效果随时间推移衰减加快。

综上所述，改良剂类型、改良参数、改良剂作用时间、渣土级配和温度等均会影响渣土的改良效果，现在的研究主要集中于改良剂类型和改良参数对渣土流塑性的影响，而对于改良剂作用时间、渣土级配和温度等对渣土流塑性的影响研究成果有限，且关于改良剂对渣土流塑性的改良机理研究也不够深入。

3）渗透性

盾构在富水地层中掘进时，渣土应具有一定的渗透性以避免喷涌现象发生，因此国内外一些学者对改良渣土的渗透性进行了研究。Borio 等[72]认为盾构在地下水位以下掘进时，水位高度基本不变，因此抗渗试验应采用常水头渗透试验，试验结果表明，渗流量随着泡沫注入率的增大而减小，在相同的泡沫注入率工况下，发泡率较小的泡沫改良效果更佳；相同改良参数的渣土在不同水压力下的渗流量不符合达西定律。Quebaud 等[19]通过常水头渗透试验测试改良砂土的渗透性，发现发泡率较小的泡沫对砂土渗透性的改良效果更加明显，单位体积土样所消耗发泡剂的用量达到某值后，渗透系数就趋于稳定。Budach 等[27]考虑到盾构拼装管片时间和其他因素的影响，认为改良渣土渗透系数需要保持在 1×10^{-5}m/s 以下至少 90min。Wang 等[73]在考虑泡沫与土颗粒相互作用的基础上提出了有效渗流通道理论，并推导出了泡沫改良渣土渗透系数的定量计算方法。另外，Wang 等[74]还研究了改良参数对泡沫改良渣土渗透的时变特性影响与泡沫改良颗粒土流塑性、渗透性的机理。Hu 等[75]研究了水力梯度对泡沫改良砂土的渗透性时变特征影响，发现泡沫改良效果随水力梯度的增大而降低。乔国刚[21]研究了泡沫注入率、发泡剂浓度和地层含水率对改良砂土渗透性的影响，发现泡沫注入率或发泡剂浓度越大，泡沫改良渣土的渗透性越好，但地层含水率的增大会对渗透性起削弱作用。朱伟等[13]根据土舱压力递减模型，推导出了螺旋出土器发生喷涌的临界条件为螺旋出土器口的渗水流量大于 $3cm^3/s$，螺旋出土器口的水压力大于 1MPa。魏康林[76]研究了泡沫和膨润土的改良机理，指出泡沫在土体中占用了渗流通道，而膨润土可在土颗粒间胶结和固结形成滤饼形态的低渗透性薄膜，二者同时作用能够堵塞渗流通道，以降低渗透系数。

综上所述，改良渣土渗透性研究相对较少，现有研究主要集中于泡沫改良后渣土的初始渗透性，而改良后的渣土，特别是泡沫改良渣土，其渗透性具有时效性。此外，水压力也会严重影响改良渣土的渗透系数，目前水压力影响下改良渣土渗透性研究还比较匮乏。

4）磨蚀性

富含石英的非（低）黏性粗颗粒渣土对刀具会产生较大的磨损，国内外学者使用不同的试验仪器研究了粗粒土对刀具的磨损问题。刘大鹏[77]针对砂土和砂卵石地层刀具磨损的问题，分别采用滑动试验和拉拔试验测定了不同泡沫注入率下渣土与金属间的摩擦力，研究表明，由于发泡剂的润滑作用，注入泡沫后渣土与金属板之间的摩擦因数显著降低。部分学者采用磨损检测装置对不同成分的改良渣土进行磨损测试，试验结果表明，增大石英和硬质岩石的含量会增加圆盘的磨损和扭矩，泡沫和水等改良剂注入后会显著降低圆盘的磨损和扭矩[36, 78-80]。Sebastiani 等[81]使用与 Peila 等[36]相同的设备开展试验，结合显微镜观测结果，发现磨损量还与砂土的级配、砂土颗粒的形状和砂土表面的粗糙度等相关，渣土中细粒含量越大，扭矩越大。Jakobsen 等[82]通过软地面磨损测试仪（soft ground abrasion tester，SGAT）研究了土压力、渣土改良剂注入比、渣土含水率与推力、扭矩、磨损量之间的关系，发现注入改良剂能够降低扭矩和推力，当泡沫注入率约为30%时，可使刀具磨损量降低约80%。

盾构刀具的磨损是一个复杂的问题，影响因素较多，如地层情况、改良剂类型及用量、刀具材料、渣土温度等，其中刀具材料特性对其磨损影响最为显著，需要进一步探究刀具材料参数对磨损性的影响，并研制出性能更好的刀具材料。渣土改良是一种能够减小刀具磨损的重要措施，需要进一步定量研究改良参数与刀具磨损的关系。

参 考 文 献

[1]　吴煊鹏, 乐贵平, 江玉生. 中国盾构工程科技新进展[M]. 北京: 中国林业出版社, 2019.

[2]　王梦恕. 中国盾构和掘进机隧道技术现状、存在的问题及发展思路[J]. 隧道建设, 2014, 34(3): 179-187.

[3]　洪开荣, 陈馈, 冯欢欢. 中国盾构技术的创新与突破[J]. 隧道建设, 2013, 33(10): 801-807.

[4]　洪开荣. 我国隧道及地下工程发展现状与展望[J]. 隧道建设, 2015, 35(2): 95-107.

[5]　何川, 封坤, 方勇. 盾构法修建地铁隧道的技术现状与展望[J]. 西南交通大学学报, 2015, 50(1): 97-109.

[6]　袁大军. 地下空间的发展与盾构技术[J]. 工程机械与维修, 2016, (5): 46-48.

[7]　王树英, 刘朋飞, 胡钦鑫, 等. 盾构隧道渣土改良理论与技术研究综述[J]. 中国公路学报, 2020, 33(5): 8-34.

[8]　曹铭, 王文莉. 土压平衡盾构机主体部分介绍[J]. 中国新技术新产品, 2011, (17): 103-104.

[9]　张润来, 宫全美, 周顺华, 等. 砂卵石地层土压平衡盾构施工渣土改良试验[J]. 同济大学学报(自然科学版),

2019, 47(5): 673-680.

[10] Hollmann F, Thewes M. Assessment method for clay clogging and disintegration of fines in mechanised tunnelling[J]. Tunnelling and Under-ground Space Technology, 2013, 37(13): 96-106.

[11] Langmaack L, Lee K F. Difficult ground conditions? Use the right chemicals! Chances-limits-requirements[J]. Tunnelling and Underground Space Technology, 2016, 57(8): 112-121.

[12] Ye X Y, Wang S Y, Yang J S, et al. Soil conditioning for EPB shield tunneling in argillaceous siltstone with high content of clay minerals: Case study[J]. International Journal of Geomechanics, 2016, 17(4): 05016002.

[13] 朱伟, 秦建设, 魏康林. 土压平衡盾构喷涌发生机理研究[J]. 岩土工程学报, 2004, 26(5): 589-593.

[14] Efnarc. Specification and guidelines for the use of specialist products for soft ground tunnelling[R]. Surry: European Federation for Specialist Construction Chemicals and Concrete Systems, 2005.

[15] Mori L, Mooney M, Cha M. Characterizing the influence of stress on foam conditioned sand for EPB tunneling[J]. Tunnelling and Underground Space Technology, 2018, 71: 454-465.

[16] Wood D M. Some fall-cone tests[J]. Thomas Telford Limited, 1985, 35(1): 64-68.

[17] Merritt S. Conditioning of clay soils for tunnelling machine screw conveyors[D]. Cambridge: University of Cambridge, 2005.

[18] Houlsby G T, Psomas S. Soil conditioning for pipe jacking and tunnelling: Properties of sand/foam mixtures[C]. Underground Construction Symposium 2001, London, 2001: 128-138.

[19] Quebaud S, Sibai M, Henry J. Use of chemical foam for improvements in drilling by earth-pressure balanced shields in granular soil[J]. Tunnelling & Underground Space Technology, 1998, 13(2): 173-180.

[20] Jancsecz S, Krause R, Langmaack L. Advantages of soil conditioning in shield tunnelling: Experiences of LRTS lzmir[J]. Challenges for the 21st Century, 1999, (1): 865-875.

[21] 乔国刚. 土压平衡盾构用新型发泡剂的开发与泡沫改良土体研究[D]. 北京: 中国矿业大学, 2009.

[22] Martinelli D, Peila D, Campa E. Feasibility study of tar sands conditioning for earth pressure balance tunnelling[J]. Journal of Rock Mechanics and Geotechnical Engineering, 2015, 6: 684-690.

[23] Pena M. Foam as a soil conditioner in tunnelling: Physical and mechanical properties of conditioned sands[D]. Oxford: University of Oxford, 2007.

[24] 张凤祥. 盾构隧道[M]. 北京: 人民交通出版社, 2004.

[25] Vinai R, Oggeri C, Peila D. Soil conditioning of sand for EPB applications: A laboratory research[J]. Tunnelling and Underground Space Technology, 2008, 23(3): 308-317.

[26] Peila D, Oggeri C, Borio L. Using the slump test to assess the behavior of conditioned soil for EPB tunneling[J]. Environmental and Engineering Geoscience, 2009, 15(3): 167-174.

[27] Budach C, Thewes M. Application ranges of EPB shields in coarse ground based on laboratory research[J]. Tunnelling and Underground Space Technology, 2015, 50: 296-304.

[28] Azimi A. Experimental investigations on the physical and rheological characteristics of sand-foam mixtures[J]. Journal of Non-Newtonian Fluid Mechanics, 2015, 221: 28-39.

[29] 李培楠, 黄德中, 黄俊, 等. 硬塑高黏度地层盾构施工土体改良试验研究[J]. 同济大学学报: 自然科学版, 2016, 44(1): 59-66.

[30] Langmaack L. Advanced technology of soil conditioning in EPB shield tunneling[J]. North American Tunnelling, 2000, 6: 525-542.

[31] 马连丛. 富水砂卵石地层盾构施工渣土改良研究[J]. 隧道建设, 2010, 30(4): 411-415.

[32] Zumsteg R, Puzrin A. Stickiness and adhesion of conditioned clay pastes[J]. Tunnelling and Underground Space

Technology, 2012, 31: 86-96.

[33] Feinendegen M, Ziegler M, Spagnoli G, et al. A new laboratory test to evaluate the problem of clogging in mechanical tunnel driving with EPB-shields[C]. International Society for Rock Mechanics International Symposium-eurock, London, 2010: 429-432.

[34] Spagnoli G, Stanjek H, Feinendegen M. Electrical manipulation of the clogging properties of Ypresian and boom clays[J]. Environmental & Engineering Geoscience, 2014, 20(1): 99-108.

[35] Sass I, Burbaum U. A method for assessing adhesion of clays to tunneling machines[J]. Bulletin of Engineering Geology and the Environment, 2009, 68(1): 27-34.

[36] Peila D, Barbero M, Picchio A, et al. Test procedure for assessing the influence of soil conditioning for EPB tunneling on the tool wear[J]. Geam-Geoingegneria Ambientale e Mineraria-Geam-Geoengineering Environment and Mining, 2012, 49(1): 13-19.

[37] Küpferle J, Zizka Z, Schoesser B, et al. Influence of the slurry-stabilized tunnel face on shield TBM tool wear regarding the soil mechanical changes-experimental evidence of changes in the tribological system[J]. Tunnelling and Underground Space Technology, 2018, 74: 206-216.

[38] Ross S. Foaming volume and foam stability[J]. Journal of Physical Chemistry, 1946, 50(5): 391-401.

[39] Ross S, Yaakov S. Measurement of dynamic foam stability[J]. Langmuir, 1985, 1(1): 145-149.

[40] 国家技术监督局. 表面活性剂 发泡力的测定 改进 Ross-Miles 法[S]. GB/T 7462—1994. 北京: 中国标准出版社, 1994.

[41] Khai S L, Mostafa B. Ultrasound-assisted generation of foam[J]. Industrial & Engineering Chemistry Research, 2005, 44(9): 3312-3320.

[42] Hansen L, McCarlie V W. From foam rubber to volcanoes: The physical chemistry of foam formation[J]. Journal of Chemical Education, 2004, 81(11): 1581-1584.

[43] 周凤山. 泡沫性能研究[J]. 油田化学, 1989, 6(3): 267-271.

[44] Sethumadhavan G N, Nikolov A D, Wasan D T, et al. Ethanol-based foam stability as probed by foam lamella thinning[J]. Industrial & Engineering Chemistry Research, 2003, 42(12): 2634-2638.

[45] 王莉娟, 张高勇, 董金凤, 等. 泡沫性能的测试和评价方法进展[J]. 日用化学工业, 2005, 35(3): 171-173, 191.

[46] 王琦, 习海玲, 左言军. 泡沫性能评价方法及稳定性影响因素综述[J]. 化学工业与工程技术, 2007, 28(2): 25-30.

[47] Ramesh R. Effect of foam boosters on krafft temperature[J]. Journal of Chemical & Engineering Data, 2012, 57(3): 869-874.

[48] 陈洋, 张行荣, 尚衍波, 等. 起泡剂性能测试方法及影响泡沫稳定性的因素[J]. 中国矿业, 2014, 23(S2): 230-234.

[49] Buchavzov N, Stubenrauch C. A disjoining pressure study of foam films stabilized by mixtures of nonionic and ionic surfactants[J]. Langmuir, 2007, 23(10): 5315-5323.

[50] 孔耀祖. 静态泡沫体系的稳定性研究[D]. 武汉: 中国地质大学, 2008.

[51] Sett S, Sahu R P, Pelot D D, et al. Enhanced foam ability of sodium dodecyl sulfate surfactant mixed with super spreader trisiloxane-(poly)ethoxylate[J]. Langmuir, 2014, 30(49): 14765-14775.

[52] 李小峰. 盾构用泡沫性能的试验研究[J]. 中国新技术新产品, 2013, (6): 71-72.

[53] 邓丽君, 曹亦俊, 王利军. 起泡剂溶液的表面张力对气泡尺寸的影响[J]. 中国科技论文, 2014, 9(12): 1340-1343.

[54] 周莉, 刘波. PEP 与阴离子表面活性剂复配体系泡沫性能的研究[J]. 功能高分子学报, 2001, (4): 461-464.

[55] 陈伟章. 富泡沫复合表面活性剂的研究与应用[D]. 淮南: 安徽理工大学, 2007.

[56]　朱俊易. 土压平衡盾构中土体改良泡沫剂实验研究[D]. 北京: 中国地质大学, 2009.

[57]　黄秋霞. 起泡剂的耐温耐盐耐油性能评价及泡排剂的研制[D]. 北京: 中国地质大学, 2015.

[58]　Maidl B, Herrenknecht M, Maidl U, et al. Mechanised Shield Tunnelling[M]. 2nd ed. Berlin: Ernst and Sohn, 2012.

[59]　Oliveira D, Thewes M, Diederichs M, et al. Consistency index and its correlation with EPB excavation of mixed clay-sand soils[J]. Geotechnical and Geological Engineering, 2018, (2): 1-19.

[60]　Peila D, Picchio A, Martinelli D, et al. Laboratory tests on soil conditioning of clayey soil[J]. Acta Geotechnica, 2015, 1l(5): 1061-1074.

[61]　Oliveira D, Thewes M, Diederichs M, et al. EPB tunnelling through clay-sand mixed soils: Proposed methodology for clogging evaluation[J]. Geomechanics and Tunnelling, 2018, 11(4): 375-387.

[62]　Zumsteg R, Ploetze M, Puzrin A. Reduction of the clogging potential of clays: New chemical applications and novel quantification approaches[J]. Géotechnique, 2013, 63(4): 276-286.

[63]　Liu P, Wang S, Shi Y, et al. Tangential adhesion strength between clay and steel for various soil softnesses[J]. Journal of Material in Civil Engineering, 2019, 31(5): 04019048.

[64]　Basmenj A K, Ghafoori M, Cheshomi A, et al. Adhesion of clay to metal surface; normal and tangential measurement[J]. Geomechanics and Engineering, 2016, 10(2): 125-135.

[65]　Heuser M, Spagnoli G, Leroy P, et al. Electroosmotic flow in clays and its potential for reducing clogging in mechanical tunnel driving[J]. Bulletin of Engineering Geology and the Environment, 2012, 71: 721-733.

[66]　Spagnoli G. Electro-chemo-mechanical manipulations of clays regarding the clogging during EPB-tunnel driving[D]. Aachen: RWTH Aachen University, 2011.

[67]　方勇, 王凯, 陶力铭, 等. 黏性地层面板式土压平衡盾构刀盘泥饼堵塞试验研究[J]. 岩土工程学报, 2020, 42(9): 1651-1658.

[68]　周凯歌, 方勇, 廖杭, 等. 强风化混合花岗岩地层中盾构泥饼堵塞情况下渣土改良效果分析[J]. 隧道建设 (中英文), 2022, 42(2): 283-290.

[69]　Thewes M, Budach C. Soil conditioning with foam during EPB tunnelling[J]. Geomechanics and Tunnelling, 2010, 3(3): 256-267.

[70]　闫鑫, 龚秋明, 姜厚停. 土压平衡盾构施工中泡沫改良砂土的试验研究[J]. 地下空间与工程学报, 2010, 6(3): 449-453.

[71]　Peila D, Oggeri C, Borio L. Influence of granulometry, time and temperature on soil conditioning for EPBS applications[C]. World Tunnel Congress 2008-Underground Facilities for Better Environment and Safety, London, 2008: 881-891.

[72]　Borio L, Peila D. Study of the permeability of foam conditioned soils with laboratory tests[J]. American Journal of Environmental Sciences, 2010, 6(4): 365-370.

[73]　Wang S Y, Huang S, Qiu T, et al. Analytical study of the permeability of foam-conditioned soil[J]. International Journal of Geomechanics, 2020, 1943-5622: 0001750.

[74]　Wang S, Hu Q, Wang H, et al. Permeability characteristics of poorly graded sand conditioned with foam in different conditioning states[J]. Journal of Testing and Evaluation, 2020, 49(5): 3620-3636.

[75]　Hu Q, Wang S, Qu T, et al. Effect of hydraulic gradient on the permeability characteristics of foam conditioned sand for mechanized tunneling[J]. Tunnelling and Underground Space Technology, 2020, 99: 103377.

[76]　魏康林. 土压平衡盾构施工中泡沫和膨润土改良土体的微观机理分析[J]. 现代隧道技术, 2007, 44(1): 73-77.

[77]　刘大鹏. 新型泡沫对土压平衡盾构土体改良作用评价[D]. 北京: 中国地质大学, 2012.

[78]　朱牧原, 魏力峰, 陈爽, 等. 复合地层泥水平衡盾构刀具磨损情况分析[J/OL]. 铁道标准设计, 2022, 66(10):

1-7[2022-03-30]. DOI: 10.13238/j.issn.1004-2954.202107240001.

[79] 陈焱, 王宇皓, 方勇, 等. 砂性地层土压平衡盾构切刀磨损室内试验研究[J]. 现代隧道技术, 2021, 58(5): 159-166.

[80] 徐公允, 徐汪豪, 姚志刚, 等. 基于三维 RBD-DEM 耦合方法的贯入角度对滚刀冲击影响分析[J]. 现代隧道技术, 2021, 58(6): 77-84.

[81] Sebastiani D, Passeri D, Belardi G, et al. Experimental study of coarse soil properties influencing soil abrasivity[J]. Procedia Engineering, 2016, 158: 9-14.

[82] Jakobsen P, Langmaack L, Dahl F, et al. Development of the soft ground abrasion tester(SGAT)to predict TBM tool wear, torque and thrust[J]. Tunnelling and Underground Space Technology, 2013, 38(9): 398-408.

第 2 章　泡沫性能试验研究

　　土压平衡盾构在城市地铁隧道施工过程中被广泛应用，其施工过程要求开挖土体具有优良的黏附强度、一定的压缩性、较低的渗透性和良好的流塑性。开挖土体性能不良将会导致刀盘和土舱结泥饼、刀盘及刀具磨损、螺旋出土器口堵塞以及喷涌等问题[1]。为避免出现以上问题，必须使用改良剂来改善土体性能。泡沫改良技术是目前应用较为广泛的盾构施工渣土改良技术。泡沫改良法对于不同性质的土体具有较强的适用性，可以使盾构在黏土、砂、砾石、岩石等不同地层中施工；可减少刀具磨损和阻塞，降低刀盘扭矩，提高掘进速度，节约投资；同时，还可调整土舱内土体流塑性，控制盾构隧道施工开挖面的稳定，减小地层变形和地层透水等危害；渣土无污染，容易处理，是一种比较理想的土体改良方法[2]。

　　泡沫与土体的相互作用关系是影响泡沫改良效果的重要因素，而在地层条件一定的情况下，影响其相互作用关系的主要因素是泡沫的基础特性。因此，研究泡沫的形成过程、泡沫性能影响因素以及泡沫性能的评价指标对泡沫渣土改良技术具有基础性的指导意义[3]。

2.1　表面活性剂类型及发泡机理

2.1.1　表面活性剂的类型

　　在溶剂中加入少量的表面活性剂可以显著降低其表面张力，改变体系界面状态，从而产生气泡或消泡、乳化或破乳、润湿或反润湿、分散或凝集、增容等一系列反应。表面活性剂也称为发泡剂，是发泡剂的主要组成部分[4]。从结构上看，所有表面活性剂分子都是由极性的亲水基和非极性的憎水基两部分组成的。亲水基使分子引入水，而憎水基使分子引入油，它们是两亲分子[5]。表面活性剂的亲油基一般是由碳氢原子团构成的，而亲水基种类繁多。因此，表面活性剂在性质上的差异除了与碳氢基的大小和形状有关，还与亲水基团的种类有关。亲水基团在种类和结构上的改变远比亲油基团的改变对表面活性剂的影响大，因此表面活性剂一般以亲水基团的结构为依据来分类。表面活性剂通常分为离子型和非离子型两大类，离子型表面活性剂在水中解离，非离子型表面活性剂在水中不解离，呈电中性。离子型表面活性剂依据解离形成的憎水基所带电荷不同又分为阴离子表面活性剂、阳离子表面活性剂、两性表面活性剂以及非离子表面活性剂。下面分别对它们进行简要介绍。

1. 阴离子表面活性剂

阴离子表面活性剂在水溶液中电离出亲水性阴离子，十二烷基硫酸钠、脂肪醇聚氧乙烯醚磺酸钠、松香皂为常见的制备该类型发泡剂的原料。阴离子表面活性剂性能优异，扩散速度快，吸附作用强，起泡能力强，原材料来源广且价格低廉，生物可降解，污染小，是目前应用最为广泛的一种表面活性剂，但是其生成的泡沫存在时间短，稳定性不高。

2. 阳离子表面活性剂

阳离子表面活性剂在水溶液中电离出亲水性阳离子，多为含氮的盐类衍生物。阳离子表面活性剂相容性好，通过表面活性物质起泡，起泡能力适中，水溶性较好，但是其原料来源有限且价格昂贵，因此应用不多。

3. 两性表面活性剂

两性表面活性剂在水溶液中电离出亲水性阳离子和阴离子，其电离量与溶液的 pH 有关。在酸性环境中，表现出阳离子性质，类似阳离子表面活性剂；在碱性环境中，表现出阴离子性质，类似阴离子表面活性剂；在中性环境中，表现出非离子性质，类似非离子表面活性剂。两性表面活性剂多为蛋白质型，其毒性低，生物降解性好，耐硬水，虽然价格昂贵，但是也有一定程度的应用。

4. 非离子表面活性剂

非离子表面活性剂无法在水溶液中电离，其亲水端基一般为羟基等极性基团，疏水端基一般为羟基等非极性基团，羟基与水作用形成氢键，发挥起泡作用。松醇油、甲基异丁基甲醇等为常见的制备该类型发泡剂的原料。非离子表面活性剂具有耐酸、耐碱、适应 pH 的范围比较大、不易受电解质的影响以及兼容性好等优点，因此成为仅次于阴离子表面活性剂的第二大表面活性剂，但是其起泡能力一般。

表面活性剂种类较多，不同性质的表面活性剂用途也不相同。土压平衡盾构用发泡剂一般由发泡剂、稳泡剂和助剂等组成。目前，国内外盾构机使用的发泡剂绝大部分是先将阴离子表面活性剂和非离子表面活性剂复配构成主发泡剂，再配成稳泡剂，有的产品还需要添加与表面活性剂对应复配能产生协同效应的助剂、增溶剂等。

2.1.2　表面活性剂的发泡机理

　　表面活性剂是特指一类能显著降低溶液界面张力的物质。其分子组成最主要的特点是具有双亲结构，即分子由亲油基（憎水基）和亲水基（憎油基）组成（图 2.1）。表面活性剂可以发泡的主要原因在于其具有亲水基团和亲油基团的两亲分子，当表面活性剂加入水中时，水分子与亲水基极性相近而相互吸引，水分子与亲油基极性相差很大而相互排斥，使得表面活性剂分子在水中不断地运动以减少斥力。这样，表面活性剂分子就会自动地迁移到表面上，并且分子中的亲水基朝向水，亲油基朝向空气，从而在表面上形成定向吸附作用（沿着一定方向吸附）[6]。如图 2.1 所示，表面活性剂亲水基团吸附于液膜表面，亲油基团（憎水基团）暴露于空气一侧，随着表面活性剂分子在界面的定向排列，溶液的表面张力降低，在鼓气、搅拌的情况下易形成泡沫。有的泡沫十分丰富，但是稳定性很差，因此在研究泡沫时，常要求泡沫既丰富持续的时间又长，即泡沫的发泡力要高，且稳定性要好。

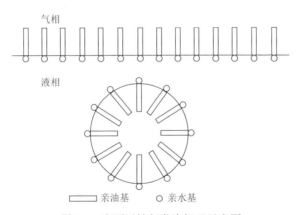

图 2.1　表面活性剂发泡机理示意图

　　常见的泡沫起泡方法是分散法，即在一定发泡剂含量溶液中注入空气或机械搅拌，使气体与液体充分混合。泡沫的产生过程基本上可以分为两个阶段，第一个阶段是通过不同的起泡方式使气体在发泡剂溶液中分散，形成泡沫体系；第二个阶段是泡沫的聚并使形成的泡沫体系表面自由能降低，最终形成稳定的泡沫平衡状态。

2.2　泡沫改良渣土的机理

　　一般来说，盾构施工现场需要向刀盘前方、土舱内、螺旋出土器内注入各种添加剂对渣土进行改良，以保证盾构能够顺利掘进[7]。目前，土压平衡盾构施工中最常用的渣土改良剂就是泡沫。泡沫的加入会直接置换渣土中的部分土颗粒和水分，进而降低土体的表观密度，减少土颗粒之间的接触，降低接触面的粗糙度，起到一定的润滑作用。下面以砂卵石地层为例，重点分析泡沫对渣土渗透性、流塑性和磨蚀性的改良机理。

2.2.1　泡沫改良渣土的渗透性

砂卵石土的渗透性主要与土颗粒大小和级配有关，细粒土含量越多，砂土渗透系数越小。在实际盾构施工过程中，向土舱中注入粉煤灰、钙粉等浑浊液来降低渣土的渗透性就是利用这一规律。目前比较认可的泡沫改良渣土渗透性的机理主要有两个：一个是泡沫填充在砂土颗粒空隙中，阻断了孔隙水的渗透通道（图 2.2）；另一个是由于泡沫液膜的黏附性及表面活性剂分子的吸附作用，增加了颗粒间水的束缚力，进而提高了土体的渗透性[8]。

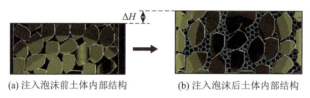

(a) 注入泡沫前土体内部结构　　　　　　(b) 注入泡沫后土体内部结构

图 2.2　泡沫改良机理示意图

ΔH- 注入泡沫前后土体内部结构单元体的排列位置相对高差

2.2.2　泡沫改良渣土的流塑性

对于流塑性相对较差的砂卵石土，砂卵石土黏粒土含量较低，颗粒之间没有黏附力，因此流塑性相对较差。关于泡沫改良土体流塑性方面，意大利都灵理工大学的 Peila 等[9]做了大量的试验研究，其认为泡沫与水对土体流塑性改良机理不同，水对土体流塑性的改良更倾向于润滑黏粒和粉粒土，对于砂卵石，由于缺少黏粒土的存在，水对砂土流塑性的改良主要为水在重力作用下的流失。与水的作用效果不同，当泡沫完全填充在砂砾颗粒之间时，颗粒被大量的气泡包裹，颗粒之间由固-固接触变为加入泡沫后的固-液或液-液接触，减小颗粒之间摩擦阻力的同时提高了流塑性[10]。与此同时，泡沫的稳定性和黏附性延长了泡沫的保水时间，使得泡沫对改良砂土流塑性的效果持续时间更长。

2.2.3　泡沫改良渣土的磨蚀性

砂卵石土具有颗粒大小和形状差异较大的特点，其颗粒与颗粒之间的摩擦角一般较大。泡沫为气-液二相体,泡沫的加入使得土颗粒之间填充大量的气体和水,并使得砂颗粒之间的接触方式由开始的硬接触变为软接触,对颗粒起到了很好的润滑效果,降低了颗粒之间的咬合力和摩擦力[11]。在实际盾构砂卵石施工过程中,刀盘扭矩大、刀具磨损严重等问题与渣土摩擦角具有较大的相关性。大量工程实践表明,泡沫加入能够明显地降低刀盘扭矩、减小刀具磨损[12-15]。

刀具切削砂卵石地层的微观作用机理如图 2.3 所示。泡沫的加入使得刀具与开挖面之间形成了一道缓冲层,减少了砂卵石颗粒对刀具的磨蚀和碰撞,而泡沫破裂后析出的液体中含有大量的表面活性剂分子,对刀具切削过程起到了润滑的效果,进而降低了刀盘扭矩,减小了刀盘和刀具的磨损量。

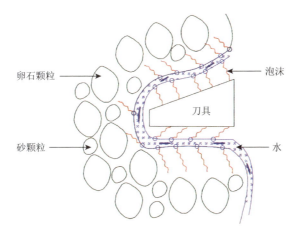

图 2.3　泡沫与刀具的作用机理

2.3　泡沫性能及其影响因素

2.3.1　盾构用泡沫基本性能要求

泡沫作为渣土改良的关键物质,其性能的优劣会严重影响改良的效果,一般的改良泡沫应该具有一定的稳定性、较大的发泡率、较好的地层适应性、易降解性、无毒性、成本较低等基本性能[16]。

（1）泡沫的稳定性。泡沫与渣土混合之后需要经过一定的时间才能通过螺旋出土器将其排出,在此过程中为了保证改良的效果,泡沫的形态不能发生较大的变化。因此,盾构施工一般要求形成的泡沫在一定时间内能够保持稳定性。

（2）泡沫的发泡率。泡沫的发泡率是指泡沫的体积与所用发泡剂的体积比,若所产生泡沫的发泡率较小,则形成的泡沫含液率较高,发泡剂的利用率会大大降低。

（3）泡沫的地层适应性。泡沫的物理性质很容易受到酸、碱以及高钙镁含量地层的影响，因此为了保证改良的效果，要求形成的泡沫能够适应不同类型的地层变化。

（4）泡沫的易降解性与无毒性。由于改良的渣土最后会被运送出隧道并与外界环境相接触，为了达到环保要求，改良后的渣土应该不具有毒性。

（5）泡沫的耐热性。掌子面及土舱内均具有较高的温度，泡沫在其中容易受到较大的影响，因此为了保证泡沫的使用效率，需要对泡沫的耐热性提出要求。

（6）泡沫的尺寸及分布。泡沫改良的主要过程是气泡填充于土体的空隙中，改良渣土的性能很明显会受到气泡的大小及其直径分布范围的影响。

2.3.2　泡沫的稳定性影响因素

泡沫是典型的热力学不稳定系统，其性能会随着时间的变化发生明显改变，工程上泡沫的稳定性是指泡沫能够维持有效改良作用时间的持久性。影响泡沫稳定性的因素有很多，基本上可以分为内部与外部两种影响因素，其中内部因素主要有液体的表面张力、表面黏度、溶液黏度、液膜电荷以及气体透过液膜的扩散速度等，外部因素主要有溶液有害离子、溶液 pH、外界压力以及温度等。

本节主要研究已有的工程发泡剂，因此发泡剂的表面黏度、溶液黏度、液膜电荷等内部因素对泡沫性能的影响不再分析，仅讨论外部因素对泡沫性能的影响。

1. 溶液有害离子

渣土改良过程中泡沫直接与渣土混合，因此渣土的物理化学性能会对其产生较大的影响，溶液中各种类型的离子很可能会对泡沫的稳定性产生影响。例如，溶液中的钙离子会破坏阴离子与非离子表面活性剂所产生泡沫的稳定性，而氯化钠的加入会对泡沫的稳定性产生一定的助益。

2. 溶液 pH

表面活性剂存在阳离子、阴离子、两性离子以及非离子等不同类型，因此产生的泡沫溶液中也存在不同的离子类型。pH 的变化一般不会对非离子型溶液产生较大的影响，但会对离子型溶液产生较大的影响。

3. 外界压力

外界压力能够直接影响泡沫的稳定性，一般来说，泡沫所受的压力越大，泡沫的稳定性越好。在其余条件相同时，泡沫所受压力越大，泡沫的平均半径越小，则气泡膜面积越大，对应的液膜越薄，排液的速度也越低。

4. 温度

外界环境温度的升高会明显提高泡沫液膜的蒸发速度,从而加速液膜的破裂。因此,泡沫的稳定性会随着温度的增加而降低。

2.4　泡沫性能评价指标与试验

泡沫自身性能是制约渣土改良效果的重要因素,良好的发泡剂应具备优良的起泡能力,并保障产生的泡沫具备足够的半衰期及稳定性。由前述泡沫基础特性的研究现状可知,由于发泡剂种类较多,发泡剂自身结构和起泡方式具有多样性,目前还没有一种能够全面、准确地评价发泡剂的起泡能力、稳定性以及强度的方法。因此,有必要总结出一种简单有效且能够直观反映渣土改良效果的泡沫性能评价方法。

2.4.1　泡沫性能的评价指标

目前,发泡剂性能的评价方法主要有传统的机械方法和现代的微观方法,评价发泡剂性能的主要指标有发泡率、起泡能力、泡沫半衰期、泡沫的尺寸分布以及泡沫的电导率等[17]。

1. 发泡率

发泡率指的是相同量的发泡剂容易产生泡沫多少的能力,一般以泡沫的体积 V_F 除以所用发泡剂体积 V_L 来表示,即 $F = \dfrac{V_F}{V_L}$。

2. 起泡能力

泡沫的产生过程即气相与液相引入能量的过程,因此在相同能量下泡沫的产生量可以评价发泡剂的起泡能力。

3. 泡沫半衰期

泡沫半衰期通常表征的是泡沫的稳定性,一般通过泡沫排出其所占液体质量 1/2 所用时间,或者通过泡沫体积衰减 1/2 所用时间来评价泡沫的稳定性。

4. 泡沫的尺寸分布

泡沫的尺寸分布能够有效地表征泡沫的空间结构特征,泡沫改良的主要过程是气泡填充于土体的空隙中,改良渣土的性能很明显会受到气泡的大小及其直径分布范围的影响。

5. 泡沫的电导率

泡沫的电导率能够直接反映泡沫内液体的含量,已经有试验发现泡沫的电导率与泡沫内液体含量存在直接的关系。

由泡沫的评价指标并结合前述泡沫性能的影响因素可以看出,在泡沫渣土改良方面,盾构机的泡沫注入率一般在 20%～80%,泡沫的巨大需求量要求所产生的泡沫应该具有较大的发泡率,以达到节约材料的目的;为保证渣土改良过程的时效性,必须要求泡沫具有较长的半衰期;盾构机中的发泡枪长度受限,施工中实际发泡效果难以达到实验室中理想的发泡效果,因此实际应用中除了发泡量及泡沫半衰期,发泡剂起泡能力也是制约渣土改良效果的重要因素之一;泡沫的尺寸分布对于渣土颗粒间隙的填充具有重要的影响,泡沫的分散效果对于改良渣土宏观物理力学性能也具有重要的影响。

2.4.2　泡沫性能的评价试验

鉴于前述泡沫渣土改良重要评价指标的分析,本节采用广州地铁 21 号线现场所使用的巴斯夫(BASF)发泡剂,通过常采用的搅拌试验和自主设计的泡沫观察试验,对泡沫的发泡率、质量半衰期、起泡能力以及泡沫尺寸分布进行分析,研究在一定的压力状态下,发泡剂溶液浓度和搅拌时间对发泡材料所产泡沫的物理力学性能产生的影响,通过系统性地分析得出发泡材料较优的发泡方法。

1. 发泡剂搅拌试验

1)发泡剂搅拌试验方案

发泡剂搅拌试验主要是使用搅拌机高速搅拌发泡剂及其稀释液,以发泡量及发泡速度来评价发泡剂的起泡能力、泡沫质量半衰期以及起泡速度,该试验可在短时间内使发泡剂充分发泡,进而快速有效地衡量发泡剂发泡性能的优劣。

试验步骤:首先配制 200mL 发泡剂溶液,在 2500r/min 的转速下搅拌 3min,记录发泡量(搅拌完成后发泡体积),以衡量产泡能力,记录质量半衰期(发泡剂析出 100mL 所用的时间),以衡量泡沫的稳定程度,记录发泡剂起泡速度,以衡量发泡剂的起泡能力,然后取五组平行试验数据的平均值。发泡剂搅拌试验仪器如图 2.4 所示。

图 2.4　发泡剂搅拌试验仪器

发泡剂搅拌试验评价指标主要有以下三个：

（1）发泡量，即将一定量表面活性剂溶于水后，搅拌一定的时间，测得其产生泡沫的体积，以评价表面活性剂的发泡性能；

（2）质量半衰期，试验设定表面活性剂在烧杯中发泡完毕后开始计时，并读出发泡剂析出 1/2 液体的时间，以此来评价泡沫的稳定性；

（3）发泡剂起泡速度，搅拌机转动后开始计时，记录泡沫的产生体积随时间的变化关系，以此来评价发泡剂起泡速度与起泡能力。

2）发泡剂溶液浓度对发泡性能的影响

为初步确定发泡剂的最佳使用浓度，试验中选择溶液浓度为 1%～9%进行搅拌试验。不同浓度下发泡剂的搅拌发泡量（泡沫量）及质量半衰期的结果如图 2.5 所示。

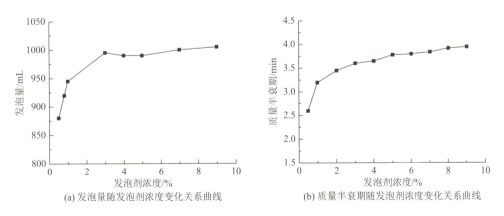

(a) 发泡量随发泡剂浓度变化关系曲线　　　　　　(b) 质量半衰期随发泡剂浓度变化关系曲线

图 2.5　发泡剂浓度对发泡性能的影响

由图 2.5 可知，当发泡剂浓度在 3%以下时，各产品的起泡能力及泡沫稳定性均有显著提升。当发泡剂浓度达到 3%时，产品中有效成分接近临界胶束浓度，表面活性剂在气相及液相界面达到饱和，大幅增加了溶液的表面黏度及表面弹性，并在溶液中形成胶束。表面黏度增大使发泡完成后泡沫的排液过程更加缓慢，表面弹性增强使泡沫液膜强度提高，泡沫更不易破裂，泡沫稳定性提高；胶束的形成降低了溶液的表面张力，使起泡过程所需能量降低，泡沫起泡能力提高。在发泡剂浓度超过 3%后，表面活性剂的增加无法进一步大幅提升气-液两相间界面膜的稳定性，因此发泡量及质量半衰期的增长趋势放缓；在发泡剂浓度进一步提升后，过多的胶束会对起泡能力及泡沫稳定性产生不利影响。因此，本节选用发泡剂浓度为 3.5%的溶液进行进一步的深入研究。

3）搅拌时间对发泡量的影响

盾构机中的发泡枪长度受限，施工中实际发泡效果难以达到实验室中理想的搅拌发泡效果，因此在实际应用中除了发泡量及泡沫半衰期是影响渣土改良效果的重要因素，发泡剂起泡速度也是影响渣土改良效果的重要因素。为探寻发泡量大且起泡速度快，能够更适配盾构机发泡枪的发泡剂，本节采用固定发泡剂浓度 3.5%，针对不同搅拌时间下发泡剂的起泡能力进行研究，试验结果取五组平行试验数据均值（共进行六种工况的试验，每种工况做五组平行试验），如图 2.6 所示。

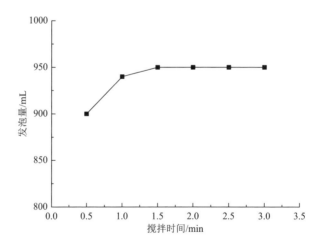

图 2.6　搅拌时间与发泡量的关系

由图 2.6 可知，3.5%浓度的 BASF 发泡剂能够快速发泡，具有较好的起泡能力。发泡剂溶液在 0.5min 内发泡量增加至 900mL 左右，在 1.5min 内发泡量增加至 950mL 左右且与最终的发泡量基本相同。

2. 自制泡沫产生及观察装置

本节采用自制泡沫产生及观察装置对泡沫的发泡性能、泡沫稳定性、泡沫尺寸与分布以及泡沫量进行研究。该装置主要分为气液传输装置、发泡枪装置和泡沫观察装置。气液传输装置可控制泡沫产生时的液体流速、气体流速以及压力状态等参数；发泡枪装置能够使发泡剂发泡完全且泡沫状态稳定；泡沫观察装置则用于泡沫的尺寸、分布以及数量等参数后处理。

1）气液传输装置

为了能够控制泡沫产生时的液体流速、气体流速以及压力状态等参数，得到较为稳定均匀的泡沫，本节设计了一套能够控制泡沫产生时各种参数的装置——气液传输装置，如图 2.7 所示。

图 2.7　气液传输装置

气液传输装置主要设备包括空气压缩机、储存发泡剂的储液罐、压力表、气压调节阀、液体流量计以及气体流量计等。空气压缩机能够产生高达 1MPa 的空气压力，完全满足实际的泡沫产生条件；液体流量计的量程为 40～400mL/min；气体流量计的量程为 0.16～1.6L/min；储液罐以及其余装置均能够实现密封条件。

气液传输装置通过空气压缩机产生快速流动的气体，这些气体大部分作为发泡用气体，少部分气体在储液罐中通过高压将发泡剂置换排出，最终气体与液体在发泡枪中混合，从而产生试验所需泡沫。气液传输装置顶部的气压调节阀能够调节产生泡沫时的气体压力，气体流量计能够有效调节气体的流速，液体流量计能够有效调节液体的流速，泡沫产生过程中需要动态调整这三个调节装置以达到所要求的泡沫产生条件。

2）发泡枪装置

发泡枪装置主要由放置在软管中的细钢丝组成（图 2.8），气液传输装置运送过来的高流速气体与发泡剂在发泡枪中混合，从而产生试验所需的泡沫。

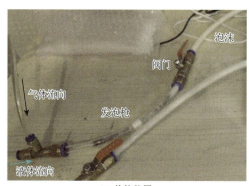
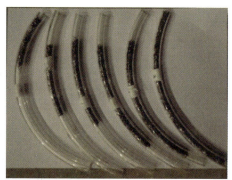

(a) 整体装置　　　　　　　　　　　　　　　　　(b) 管路装置

图 2.8　发泡枪装置

试验中，为了保证发泡过程中的泡沫状态不会发生大幅度的改变且发泡剂能够有效完全发泡，将细钢丝固定并均匀布置。试验选取细钢丝的长度分别为 6cm、9cm、12cm、15cm、18cm、24cm，对应的细钢丝重量为 0.8g、1.2g、1.6g、2.0g、2.4g、2.8g。根据最终试验的观察结果，发泡枪中细钢丝长度在达到 18cm 之后，泡沫发泡完全且状态变化不大，因此确定发泡枪中细钢丝的长度为 18cm，对应的细钢丝重量为 2.4g。

3）泡沫观察装置

泡沫观察装置的主要设备有高倍放大镜、泡沫观察台、高清工业相机和动态测量软件，如图 2.9 所示。泡沫观察台中泡沫填充在直径为 10cm、厚度为 1cm 的有效空间内，高倍放大镜能够将泡沫放大至肉眼可以直接识别的状态，动态测量软件的测量精度可达 0.001mm。

泡沫观察的主要步骤为：①发泡枪所产生的泡沫经过软管运送至自制的泡沫观察台处；②在泡沫观察台上方放置高倍放大镜，并配置高清工业相机捕捉泡沫的放大图像；③利用笔记本电脑中动态测量软件对照片进行采集；④对照片中泡沫的尺寸、分布以及数量进行处理。

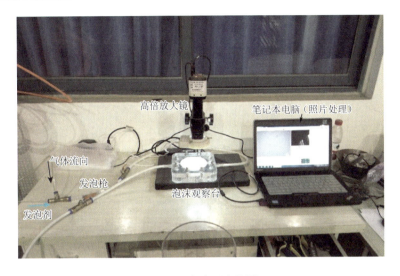

图 2.9　泡沫观察装置

3. 泡沫尺寸分布观察试验

盾构机实际发泡前先设置空气流速、发泡剂流速以及空气压力，再将已确定浓度的发泡剂加入发泡剂泵，具体流程可参照前述泡沫系统接口示意图（图 2.7）。显然，上述介绍的三个参数会对泡沫的最终形态产生较大的影响，在发泡剂搅拌试验确定了发泡剂最佳浓度的情况下，通过泡沫尺寸分布观察试验研究空气流速、发泡剂流速对泡沫的尺寸、分布以及数量的影响，并对泡沫性能进行评价。

1）泡沫尺寸分布观察试验方案

在试验前首先需要介绍泡沫的发泡率，试验过程中液体与气体几乎完全混合而产生泡沫，因此可以将发泡率简单理解为气液比（发泡时气体体积与泡沫混合液体积的比值），从而将气体流速与液体流速的关系用发泡率来表示。发泡率是影响渣土改良效果的一个重要影响因素，在不同的发泡率下会产出不同粒径级配的泡沫，在高气液比下能否充分发泡也可以从另一方面衡量发泡剂的起泡能力。泡沫尺寸分布观察试验即选取不同的发泡率进行发泡，然后通过高倍放大镜对所形成的泡沫尺寸及其分布进行观测。

具体试验步骤如下：

（1）配制 3%浓度的各产品溶液 3kg；

（2）将配制好的溶液倒入发泡储液罐中；

（3）打开空气压缩机并通过气压调节阀调节气压至 0.3MPa；

（4）将液体流速控制在 100mL/min，通过控制气体流速调节气液比；

（5）高倍放大镜调焦，待气泡输出稳定后使用高清工业相机拍照记录；

（6）利用设定好的计算机辅助设计（computer aided design，CAD）软件对获取到的照片进行气泡粒径统计，取五组平行试验的均值绘制统计图（图 2.10）。

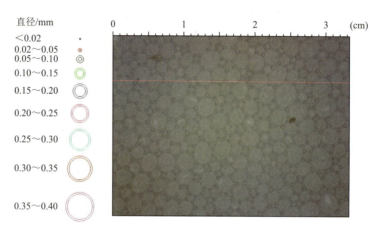

图 2.10　CAD 软件泡沫统计图

2）气液比对泡沫粒径分布的影响

不同气液比下泡沫粒径分布如图 2.11 所示。

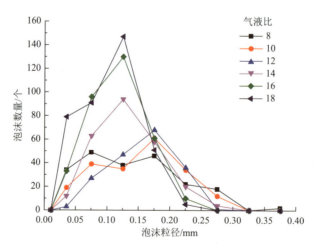

图 2.11　不同气液比下泡沫粒径分布

由图 2.11 可知，不同气液比下泡沫粒径主要集中在 0.075～0.175mm，尤其是随着气液比的增加，此区间的泡沫数量增加，而当泡沫粒径为 0.175～0.4mm 时，随着气液比的增加，泡沫数量呈现减少的趋势。显然，气液比的改变对泡沫粒径的影响是显著的，泡沫粒径改变的趋势点主要在 0.175mm 处。当气液比为 8～12 时，泡沫的分布情况基本相同，变化不大。但随着气液比的增大，泡沫粒径为 0.075～0.175mm 的泡沫数量逐渐增加，在气液比为 18 时增加至最大。泡沫粒径在不同气液比下分布均较为集中，发泡效果稳定，可针对地层进行相应调整。

3）气液比对泡沫平均粒径的影响

由上述分析可知，气液比对泡沫粒径的分布影响是显著的，为了进一步深入分析气液比对泡沫尺寸及分布的影响，本节引入泡沫平均粒径的概念进行研究。泡沫平均粒径主要通过泡沫粒径分布数据中泡沫数量及泡沫直径计算得到，计算公式如下：

$$\gamma_0 = \sqrt[2]{\frac{\sum_{i=0}^{n} \pi \gamma_i^2}{\pi n}} \tag{2.1}$$

式中，γ_0 为泡沫平均粒径；γ_i 为泡沫直径；n 为泡沫数量。

不同气液比下泡沫平均粒径分布如图 2.12 所示。

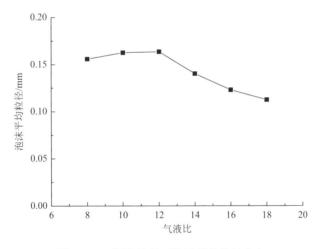

图 2.12　不同气液比下泡沫平均粒径分布

由图 2.12 可以看出，泡沫平均粒径主要范围在 0.11～0.16mm，气液比的改变对泡沫的平均粒径有较大的影响。当气液比为 8～12 时，泡沫平均粒径呈缓慢增大的趋势；当气液比由 12 增大到 18 时，泡沫平均粒径则是呈现减小的趋势，气液比对泡沫平均粒径的影响拐点出现在气液比为 12 处。

4）气液比对泡沫数量的影响

不同气液比下泡沫数量分布如图 2.13 所示。

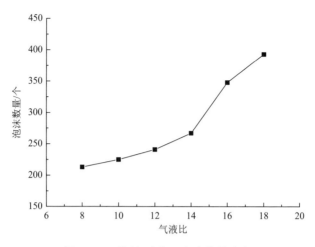

图 2.13　不同气液比下泡沫数量分布

由图 2.13 可以看出，在不同气液比的情况下，BASF 发泡剂所得到的气泡数量随着气液比的增加而增加。当气液比为 8～14 时，泡沫数量呈现均匀增加的趋势；在气液比增加到 14 以后，泡沫数量的增长趋势明显变大。另外，由前述粒径级配分布情况可以看出，泡沫平均粒径仅存在少量的减小。因此，随着气液比的增加，产生泡沫的面积占总面积的比例增大。分析时发现，随着气液比的增加，泡沫中液体的含量减少，导致气泡的间距减小，从而增加了气泡的总数量。

参 考 文 献

[1]　唐益群, 宋永辉, 周念清, 等. 土压平衡盾构在砂性土中施工问题的试验研究[J]. 岩石力学与工程学报, 2005, 24(1): 52-56.

[2]　李石磊, 高玉武. 泡沫技术在土压平衡盾构中的应用[J]. 低温建筑技术, 2006, (4): 114-115.

[3]　万泽恩, 李树忱, 赵世森, 等. 富水砂性地层盾构渣土改良试验与喷涌防治技术[J]. 土木工程学报, 2022, 55(3): 83-93.

[4]　徐琳琳, 余金, 蒋亚龙, 等. 泡沫性能测试及其在富水砂层渣土改良中应用[J]. 地下空间与工程学报, 2021, 17(S1): 345-353.

[5]　侯研博, 任强, 代振宇, 等. 表面活性剂分子与油水界面分子的作用机理[J]. 石油学报(石油加工), 2018, 34(1): 108-114.

[6]　赵洪凯, 肖文淇. 表面活性剂对泡沫稳定机理的研究进展[J]. 应用化工, 2019, 48(5): 1167-1171.

[7]　陈英盈. 土压平衡盾构机主要技术参数的选择[J]. 建筑机械化, 2004, 25(6): 48-50, 59.

[8]　丁瑜, 饶云康, 倪强, 等. 颗粒级配与孔隙比对粗粒土渗透系数的影响[J]. 水文地质工程地质, 2019, 46(3): 108-116.

[9]　Peila D, Oggeri C, Borio L. Using the slump test to assess the behavior of conditioned soil for EPB tunneling[J]. Environmental and Engineering Geoscience, 2009, 15(3): 167-174.

[10]　张志凯, 赵治府, 赵亮, 等. 颗粒与气泡脱附的研究进展[J]. 煤炭学报, 2021, 46(S1): 423-431.

[11]　董金玉, 王闯, 周建军, 等. 泡沫改良砂卵石土的试验研究[J]. 岩土力学, 2018, 39(S1): 140-148.

[12] 冯利坡, 廖少明, 周德军. 泥质粉砂岩地层地铁盾构掘进渣土改良技术研究[J]. 隧道建设(中英文), 2021, 41(S2): 158-164.

[13] 朱碧堂, 余金, 王凌, 等. 富水砾砂-泥质粉砂岩复合地层渣土改良试验研究[J]. 土木与环境工程学报(中英文), 2022, 44(5): 29-37.

[14] 潘振兴, 梁博, 杨更社, 等. 地铁盾构穿越富水砾砂地层渣土改良试验研究[J]. 地下空间与工程学报, 2021, 17(3): 698-705, 711.

[15] 钟嘉政, 王树英, 刘朋飞, 等. 泡沫改良砾砂渣土力学行为与流变模型研究[J]. 哈尔滨工业大学学报, 2021, 53(11): 84-92.

[16] 王蒙蒙, 郭东红. 泡沫剂的发泡性能及其影响因素[J]. 精细石油化工进展, 2007, 8(12): 40-44, 47.

[17] 黎冰, 杜杰, 高玉峰, 等. 发泡剂性能评价指标[J]. 东南大学学报(自然科学版), 2020, 50(4): 651-657.

第 3 章　渣土的压缩性和抗剪性

土在压力的作用下体积缩小的特性称为土的压缩性。土是由固、液、气三相物质组成的，土体积的缩小必然是三相物质组成部分体积缩小的结果。土的压缩过程通常包括三个部分[1]：①土颗粒本身的压缩变形；②孔隙中不同形态的水（或液体）和封闭气体的压缩变形；③孔隙中的水和气体有一部分被挤出，土颗粒相互靠拢使孔隙体积减小。研究表明[2-4]，固体颗粒和水在一般压力（100～600kPa）下压缩量是微不足道的，可以忽略不计，因此土的压缩主要原因是孔隙中一部分水和空气被挤出，封闭气泡被压缩。在这个过程中，土颗粒重新排列，相互靠拢挤紧，从而使得土中孔隙减小。

向开挖下来的土体中加入泡沫添加剂可以增加土体的可压缩性，同时也会提高砂土的均质性。在土压平衡盾构施工中，隔板上传递来的压力经常会有或大或小的波动。当土舱内土体的可压缩性较大时，可以对压力的忽然变化做出有利的响应，从而可以更好地对开挖面的稳定性进行控制[5]。一般情况下，若土舱内的渣土压缩性很小或者不可压缩，则盾构机的推进速度和螺旋出土器排土的速度即使有小的变化也会引起较大的压力变动，从而引起开挖面的失稳。当然，过大的压缩也容易造成排水固结，形成泥饼，即发生结饼现象[6]。

盾构机在掌子面掘削下来并充满土舱的渣土是平衡掌子面前方水土压力的关键介质，因此渣土压缩性能的强弱能够直接影响土压平衡的建立；未改良渣土一般具有较高的剪切强度，不利于刀盘的掘进，而泡沫对渣土的剪切强度改良效果较为明显[7]。因此，地层的剪切性及压缩性是影响盾构掘进效率的关键因素，本章采用自制改良渣土的力学性能试验装置，模拟实际土体的带压状态，开展改良渣土的压缩试验及剪切试验。

3.1　渣土压缩试验

3.1.1　试验材料

试验土体采用广州地铁 21 号线工程原状土，为了避免运输及放置过程中土体的水分蒸发，先将土体长时间晒干，试验准备时再向土体注入定量纯水并充分搅拌，使其含水率与现场土体相同，土体物理力学参数和颗粒级配组成分别如表 3.1 和表 3.2 所示。

表 3.1　土体物理力学参数

含水率 W/%	泊松比 μ	孔隙比 e	干密度/(g/cm³)	黏聚力 C/kPa	内摩擦角 φ/(°)
20.3	0.3	0.74	1.59	25.87	25.47

表 3.2　颗粒级配组成

粒径/mm	颗粒占比/%	粒径/mm	颗粒占比/%
>20	0	0.25~0.075	11.6
20~2	7.5	0.075~0.005	5.2
2~0.5	18.9	0.005~0.0005	25.2
0.5~0.25	14.3	<0.0005	17.3

改良渣土的可压缩性可使盾构机的开挖过程更易于控制，在注入改良泡沫以后，盾构机掌子面会形成一个刚度逐渐减弱的塑性区域，就像一个具有一定压缩性的塞子堵在掌子面的前方，这样能够在开挖过程中起到缓冲作用，解决盾构机刀盘对土体反应不灵敏的问题，同时还能够利于保持掌子面的稳定[8-10]。

3.1.2　压缩及剪切试验简介

1）压缩试验

压缩试验装置如图 3.1 所示，试样土体放置于内径为 20cm、高为 30cm 的圆筒中，上部盖板为压力边界，压力通过液压千斤顶施加，其大小通过顶部的压力表

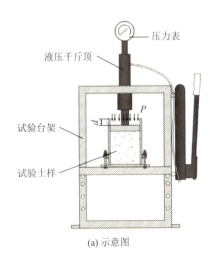

(a) 示意图　　　　　　　　　(b) 实物图

图 3.1　压缩试验装置

显示，利用数显游标卡尺测量不同压力下上部盖板的位置。装置中，液压千斤顶的油缸最大行程为 18cm；压力表的量程为 0～1.2MPa，精度为 0.02MPa；数显游标卡尺的量程为 0～15cm，精度为 0.01mm，如图 3.2 所示。

图 3.2　数显游标卡尺

压缩试验具体步骤如下：

（1）称重 10kg 晒干后的土体，向其中注入定量纯水并用手持搅拌机充分搅拌，使其含水率与试验工况相同；

（2）配制浓度一定的发泡剂（3kg）倒入发泡储液罐中，打开空气压缩机并通过气压调节阀调节气压至指定值；

（3）调节气体与液体流速至指定值，产生稳定均匀的泡沫；

（4）将泡沫注入测试土体中，使用手持搅拌机对泡沫与土体进行充分混合改良；

（5）将改良后的渣土倒入试验桶中，并盖上铁板进行预压，测量初始位移；

（6）使用液压千斤顶对盖板逐级施压并使用数显游标卡尺对盖板位移进行测量；

（7）加压完成并释放压力后，测量盖板的回弹位移。

2）剪切试验

改良渣土的剪切强度会直接影响盾构机的刀盘和其余机械部件的磨耗，减小开挖面土体的强度能够减小刀盘的扭矩与温度，延长刀具的使用寿命，减少开舱换刀的次数，起到节约材料和能源的作用。另外，改良渣土的剪切强度还能有利于渣土的有效流通，避免出现结泥饼和堵塞的问题。

剪切试验装置与压缩试验装置类似，二者不同之处在于剪切试验装置中有一个十字板和一个扭矩计，具体装置如图 3.3 所示。扭矩计实物图如图 3.4 所示。试样土体放置于内径为 20cm、高为 30cm 的圆筒中，上部盖板为压力边界，压力通过液压千斤顶施加，其大小通过顶部的压力表显示，试验筒体下部为直径 2cm 的传力杆，传力杆顶部位于圆筒中央并安装十字板，传力杆下部与扭矩计相连，可记录试验过程中的转动扭矩。装置中，液压千斤顶的油缸最大行程为 18cm；压力表的量程为 0～1.2MPa，精度为 0.02MPa；扭矩计有两种型号，量程分别为 0～6N·m 和 0～50N·m，对应的精度分别为 0.06N·m 和 0.5N·m。

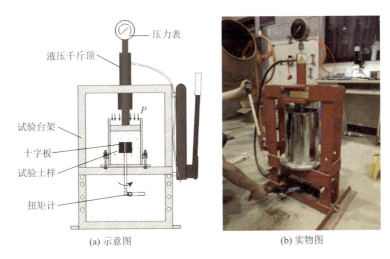

(a) 示意图   (b) 实物图

图 3.3   剪切试验装置

图 3.4   扭矩计实物图

剪切试验具体步骤如下：

（1）称重 10kg 晒干后的土体，向其中注入定量纯水并用手持搅拌机充分搅拌，使其含水率与试验工况相同；

（2）配制浓度一定的发泡剂（3kg）倒入发泡储液罐中，打开空气压缩机并通过气压调节阀调节气压至指定值；

（3）调节气体与液体流速至指定值，产生稳定均匀的泡沫；

（4）将泡沫注入测试土体中，使用手持搅拌机对泡沫与土体进行充分混合改良；

（5）将改良后的渣土倒入试验桶中，并盖上铁板进行预压，测量初始位移；

（6）使用液压千斤顶对盖板加压至指定状态；

（7）加压完成后，匀速转动扭矩计并记录转动扭矩。

3.1.3　试验研究因素与控制变量

广州地铁的全风化花岗岩是岩浆上升至地表冷却形成结晶岩体风化而成的，其岩体破碎，细粒成分较多且含有风化后形成的高岭石。盾构机在此类地层中掘进时容易出现结泥饼和堵塞的情况，针对黏土地层中盾构的掘进问题，泡沫改良是目前主流且行之有效的方式，泡沫改良的流程主要是将稳定的泡沫填充混合进黏土，泡沫的存在使得黏土颗粒的黏聚力降低、摩擦角降低、压缩性增强。而在实际的盾构泡沫改良过程中，在发泡剂种类一定的情况下，影响泡沫改良效果的主要因素是泡沫注入率、发泡剂浓度以及泡沫气液比。除此之外，黏土地层的含水率是影响强风化黏土地层发生结泥饼和堵塞情况的主要因素，地层含水率的变化会直接影响黏土的基质吸力，黏土的基质吸力与其表观黏聚力有关，而表观黏聚力属于土体黏聚力的重要部分。

由上述分析可知，渣土的土力学性能主要受地层含水率、泡沫注入率、发泡剂浓度以及泡沫气液比的影响，本节通过改良渣土的力学试验主要研究上述四个因素对改良渣土的压缩性和剪切性的影响。

地层含水率的研究范围主要根据广州地铁全风化花岗岩地层的塑限与液限来选择，根据实际地质勘探，全风化花岗岩地层的塑限与液限分别为16.5%与25.8%，因此地层含水率的研究工况选取为18%、20%、22%和24%；盾构机泡沫注入率一般在20%～80%，因此泡沫注入率的研究工况选择为20%、40%、60%和80%；泡沫气液比一般为10左右，因此泡沫气液比的研究工况选择为6、8、10、12和14。由前述泡沫基础特性研究可知，发泡剂浓度在2%～5%可以产生性能较好的泡沫，因此发泡剂浓度的研究工况选择为2%、3%、3.5%、4%和5%。研究采用控制变量法，参照详细地勘资料和前述泡沫性能的评价试验结果，基础工况选择为地层含水率为20%，泡沫注入率为60%，气液比为10，发泡剂浓度为3.5%。改良渣土的土力学性能试验研究因素与控制变量如表3.3所示。

表 3.3　改良渣土的土力学性能试验研究因素与控制变量

泡沫注入率/%	泡沫气液比	发泡剂浓度/%	地层含水率/%
20	6	2	18
40	8	3	20
60	10	3.5	22
80	12	4	24
—	14	5	—

3.2　渣土压缩试验结果与分析

3.2.1　泡沫注入率对渣土压缩性的影响

渣土改良的泡沫注入率是指泡沫的体积与掘削渣土体积的比值[11]。泡沫注入率能够直接影响改良渣土中的泡沫量，进而直接影响改良渣土的效果。若泡沫注入率较小，则渣土中可能仅在局部位置存在泡沫，不能起到分散渣土颗粒的作用，对渣土的和易性、压缩性以及剪切性的改良效果也较差；若泡沫注入率较大，则过量的泡沫能够很明显地降低渣土的剪切性能，但也可能出现渣土的和易性不满足要求而使盾构机无法保压，甚至产生喷涌等施工问题，同时这也会造成资源的浪费，不具有经济性。

压缩试验对不同压力下的压缩位移进行了测量，为了研究泡沫注入率对渣土压缩性的影响，首先采用不同压力状态下的位移增量进行分析。不同泡沫注入率下土压力与改良渣土压缩增量的关系如图 3.5 所示。

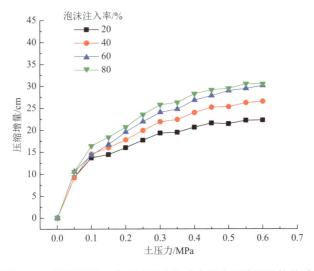

图 3.5　不同泡沫注入率下土压力与改良渣土压缩增量的关系

由图 3.5 可以看出，在不同泡沫注入率的情况下，土压力的增加会导致压缩增量的增加，但增加的趋势会逐渐放缓，这主要是因为随着压力的增加，土体中的空隙减小，可压缩的空间也减小。泡沫量的增加对渣土的压缩性是有益的，但随着泡沫注入率的增加，渣土的压缩增量变化率逐渐减小，当泡沫注入率由 60%增加至 80%时，再增加泡沫注入率也不会使渣土的压缩性产生较大的变化，分析原因主要是渣土所需改良的泡沫量存在一定的范围，超过所需泡沫量之后，泡沫的增加不会再对渣土的压缩性产生较大的影响。

为了能够更加直观地分析泡沫注入率对渣土压缩量的影响，绘制不同土压力下泡沫注入率与压缩增量的关系曲线如图 3.6 所示。

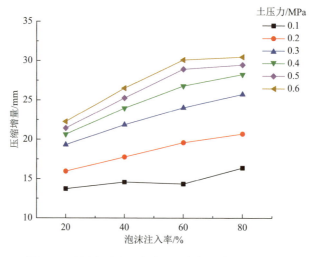

图 3.6　不同土压力下泡沫注入率与压缩增量的关系

由图 3.6 可以看出，在不同土压力状态下，泡沫注入率的增加会增加渣土的压缩性，说明其对压缩增量的变化趋势有较大的影响。当土压力较小时，泡沫注入率的增加能够与压缩增量呈类线性的变化关系；在土压力达到 0.5MPa 以后，随着泡沫注入率的增加，渣土压缩增量呈现先线性变化，随后变化趋势渐缓的规律，这也表明泡沫注入率增加至一定范围后，渣土的压缩性不会产生较大的变化。

上述分析主要针对的是土体的压缩增量，未对土体的总体积变化和孔隙率变化进行分析，因此本节引入土力学中压缩曲线进行分析，压缩曲线横轴为土压力，纵轴为土体孔隙比。土体孔隙比 e_i 的计算公式如下：

$$e_i = (h_i - h_s) / h_s \qquad (3.1)$$

式中，h_s 为土体颗粒换算高度，采用公式 $h_s = Q / (r_s F)$ 进行计算，F 为筒体内面积，

r_s 为土样颗粒重度，Q 为土样的干土重，经计算，试验土体 10kg 对应的土体颗粒换算高度为 195.38mm；h_i 为不同压力作用下对应的土体高度。

不同泡沫注入率下土压力与改良渣土孔隙比的关系如图 3.7 所示。

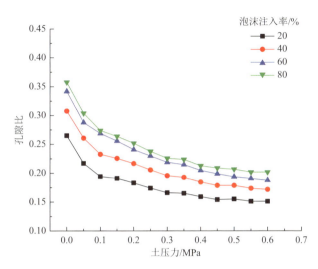

图 3.7　不同泡沫注入率下土压力与改良渣土孔隙比的关系

由图 3.7 可以看出，在泡沫注入率较小时，不同土压力下泡沫注入率的增加能够很明显地增加土体孔隙比，说明此时土体中有效泡沫量也对应增加；在泡沫注入率超过 60%以后，其对孔隙比的影响减小。例如，当土压力为 0.3MPa 时，泡沫注入率从 20%、40%、60%增加至 80%，对应的孔隙比从 0.166、0.196、0.219 增加至 0.226，分别增加了 18.07%、11.73%、3.20%。改良土体的压缩曲线主要可以分为两个阶段，第一个阶段为低压压缩阶段，即土压力为 0~0.1MPa，改良土体孔隙比的减少幅度随土压力的增大变化较大；第二个阶段为高压压缩阶段，即土压力超过 0.1MPa 后，改良土体孔隙比的减小幅度随土压力增大逐渐趋于平缓，分析产生这种变化的主要原因是土体中有效泡沫在土压力较低时也随土体产生了压缩变形，而在土压力较高时也能起到一定的支撑作用。分析不同泡沫注入率下土体的第二阶段可知，泡沫注入率的增加能够直接影响第二阶段的压缩系数，压缩系数的增大表明土体的压缩性能提高。

3.2.2　泡沫气液比对渣土压缩性的影响

由前述泡沫观察试验可知，泡沫气液比能够直接影响泡沫的平均粒径、质量半衰期、泡沫数量以及泡沫粒径分布，而泡沫的质量是影响渣土改良效果的关键因素。除此之外，相同的泡沫注入率下，泡沫气液比越小，土体中的发泡剂越多，显然这对渣土的压缩性也会产生较大的影响。试验采用相同的泡沫注入率并控制液体流速的方式来进行泡沫气液比对改良渣土土力学性能的影响研究。

不同泡沫气液比下土压力与改良渣土压缩增量的关系如图 3.8 所示。

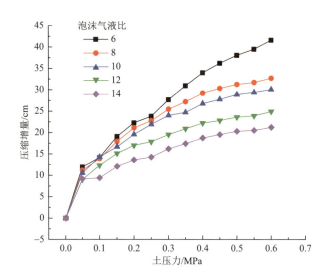

图 3.8　不同泡沫气液比下土压力与改良渣土压缩增量的关系

由图 3.8 可以看出，与前述情况相同，不同的泡沫气液比情况下，土压力的增加会带来土体压缩增量的增加，但泡沫气液比的增加会减缓土体压缩增量的变化趋势，在土压力从 0MPa 增加至 0.05MPa 的过程中，土体压缩增量的变化趋势基本相同；在土压力从 0.05MPa 增加至 0.6MPa 的过程中，泡沫气液比越小，则对应的土体压缩增量增加趋势越大。由前述观察试验可知，泡沫气液比的增加会导致泡沫所携带的发泡剂更少且泡沫平均尺寸更小，因此有效泡沫的量更少且泡沫的平均直径更小，进而导致在较高土压力情况下出现压缩增量变化趋势不同的情况。另外，实际试验过程中，泡沫气液比越小对应的发泡剂用量越大，此时改良渣土的和易性不佳，应避免出现这样的情况。

为了能够更加直观地分析泡沫气液比对渣土压缩性的影响，绘制不同土压力下泡沫气液比与压缩增量的关系曲线如图 3.9 所示。

由图 3.9 可以看出，在不同土压力状态下，泡沫气液比的增加能够减小土体的压缩增量，从而降低其压缩性能；当土压力较小时，泡沫气液比的变化对渣土的压缩增量影响较小，而在泡沫气液比超过 10 后，土体压缩增量随着泡沫气液比的增加呈现减小的趋势；随着土压力的增加，低泡沫气液比对土体压缩增量的影响增大，尤其是泡沫气液比为 6~8 时，而高泡沫气液比对土体压缩增量的影响一

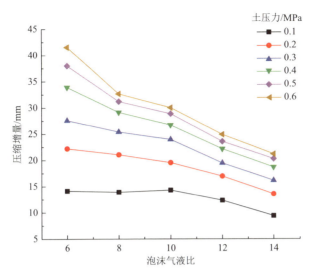

图 3.9　不同土压力下泡沫气液比与压缩增量的关系

直保持基本相同的降低趋势。因此,具体盾构施工可根据承受土压力和上述规律选择合适的泡沫气液比进行设置。

不同泡沫气液比下土压力与改良渣土孔隙比的关系如图 3.10 所示。

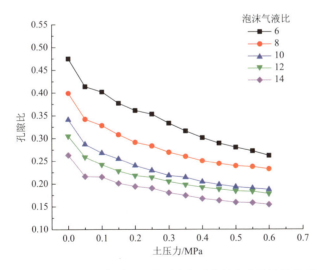

图 3.10　不同泡沫气液比下土压力与改良渣土孔隙比的关系

由图 3.10 可以看出,相同土压力状态下,泡沫气液比的增加会降低渣土的孔隙比,低泡沫气液比对孔隙比的影响更为显著;相反,高泡沫气液比对孔隙比的影响相对较小,这种情况也说明了泡沫气液比的增加会导致泡沫所携带的发泡剂更少且泡沫平均尺寸更小，因此有效泡沫的量更少且泡沫的平均直径更小。例如，当土压力为 0.3MPa 时，泡沫气液比由 6、8、10、12 增加至 14，对应的孔隙比由 0.333、0.270、0.219、0.206 减小至 0.181，分别减小了 18.92%、18.89%、5.94% 以及 12.14%。另外，对土压力为 0.1～0.6MPa 对应的孔隙比进行线性拟合得出压缩系数，泡沫气液比由 6、8、10、12 增加至 14，对应的压缩系数由 0.277、0.185、0.160、0.122 减小至 0.118，分别减小了 33.21%、13.51%、23.75% 以及 3.28%。因此，由压缩系数也能看出，泡沫气液比的增加会降低渣土的压缩性。

3.2.3　地层含水率对渣土压缩性的影响

在 3.2.1 节和 3.2.2 节已经了解到渣土中有效泡沫对改良效果起决定性作用。地层含水率指的是地层中水的含量，若地层含水率过低，则泡沫中携带的液体会被土体直接吸收，使泡沫破裂而失去作用；若地层含水率过高，虽然有效泡沫的量会大大提升，但是会严重影响渣土的和易性，则会导致施工出现突涌水的危险。因此，研究不同地层含水率下的泡沫改良效果是有意义的。

不同地层含水率下土压力与压缩增量的关系如图 3.11 所示。

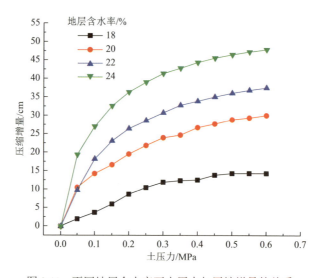

图 3.11　不同地层含水率下土压力与压缩增量的关系

由图 3.11 可以看出，采用相同的渣土改良方式，不同地层含水率会对压缩增量产生较大的影响，地层含水率越高，对应的压缩增量越大。与前述泡沫注入率和泡沫气液比对压缩增量影响的结论不同，地层含水率的改变直接影响各种土压力情况下的压缩增量及压缩增量的变化斜率，在地层含水率较低时，土体中有效泡沫的量较少，因此渣土的压缩增量基本不存在初期的迅速增大规律；在地层含水率为 20%和 22%时，随着土压力增大，初期的压缩增量均出现了类似线性增加的规律，在土压力由 0.1MPa 增加至 0.6MPa 时，两者的压缩增量曲线出现斜率不同的变化规律，究其原因，主要是渣土中有效泡沫量的差距导致压缩量发生变化；在地层含水率为 24%时，压缩增量产生了较大幅度的增加，地层中有效泡沫的量过剩，含水量较高。

　　为了能够更加直观地分析地层含水率对渣土压缩增量的影响，绘制不同土压力下地层含水率与压缩增量的关系曲线，如图 3.12 所示。

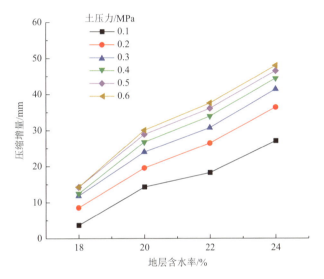

图 3.12　不同土压力下地层含水率与压缩增量的关系

　　由图 3.12 可以看出，在不同土压力状态下，18%～20%和 22%～24%地层含水率的变化均能够对压缩增量产生较大的影响，而 20%～22%地层含水率的变化对压缩增量产生的影响较小，表明该泡沫改良参数对含水率为 20%～22%的地层具有较好的改良作用。另外，由图 3.12 还可以看出，当地层含水率一定时，渣土压缩增量随土压力的增长逐渐增大，渣土压缩增量的变化量（相邻两个土压力之间所对应压缩增量的差值）反而逐渐减小。

　　不同地层含水率下土压力与改良渣土孔隙比的关系如图 3.13 所示。

　　由图 3.13 可以看出，在相同的改良方式下，含水率较大的地层会产生较大的孔隙比，当地层受到的土压力较小时，孔隙比随地层含水率的增加变化较为均匀；当土压力较大时，地层含水率越大对应的孔隙比增加幅度越大。例如，当土压力为 0.1MPa 时，地层含水率由 18%、20%、22%增加至 24%，对应的孔隙比由 0.242、0.269、0.299 增加至 0.348，分别增加了 11.16%、11.15%以及 16.39%；当土压力

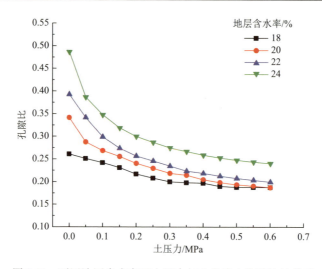

图 3.13　不同地层含水率下土压力与改良渣土孔隙比的关系

为 0.6MPa 时,地层含水率由 18%、20%、22% 增加至 24%,对应的孔隙比由 0.198、0.203、0.224 增加至 0.267,分别增加了 2.53%、10.34% 以及 19.20%。显然,出现这种现象的原因主要是地层含水率的不同使土体中有效泡沫含量不同。另外,对土压力为 0.1~0.6MPa 对应的孔隙比进行线性拟合得出压缩系数,地层含水率由 18%、20%、22% 增加至 24%,对应的压缩系数由 0.104、0.160、0.183 增加至 0.195,分别增加了 53.85%、14.38% 以及 6.56%,由压缩系数也能看出,地层含水率的提高会增强渣土的压缩性能。

3.2.4　发泡剂浓度对渣土压缩性的影响

从 2.3 节和 2.4 节的泡沫搅拌试验可以看出,发泡剂浓度对泡沫的发泡量是有影响的,且由泡沫的起泡原理可知,发泡剂浓度会影响泡沫的表面黏度和泡沫的稳定性,因此发泡剂浓度的变化会对渣土的压缩性能改良存在一定的影响,研究结果也可以指导实际施工时所需的发泡剂浓度。

不同发泡剂浓度下土压力与渣土压缩增量的关系如图 3.14 所示。

由图 3.14 可以看出,采用相同的渣土改良方式,发泡剂浓度的变化会对土体的压缩性产生一定的影响,该影响主要体现在低发泡剂浓度范围,当发泡剂浓度由 2% 增加至 3% 时,随着土压力由 0MPa 增加至 0.6MPa,土体的压缩增量也逐渐增加。在发泡剂浓度超过 3% 以后,土体的压缩增量变化规律基本相同,说明发泡剂浓度超过 3% 以后,土体的压缩性受发泡剂浓度的影响较小,分析原因主要是土体所需的泡沫稳定性具有一定的要求,在发泡剂浓度超过 3% 以后,土体中泡沫的

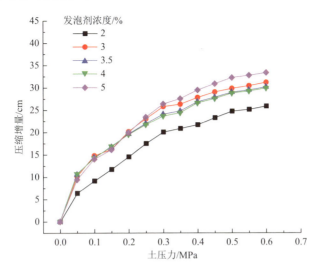

图 3.14　不同发泡剂浓度下土压力与渣土压缩增量的关系

稳定性已经达到了土体的要求，因此发泡剂浓度的增加对土体的压缩性改良影响较小。

　　为了能够更加直观地分析发泡剂浓度对渣土压缩增量的影响，绘制不同土压力下发泡剂浓度与压缩增量的关系曲线，如图 3.15 所示。

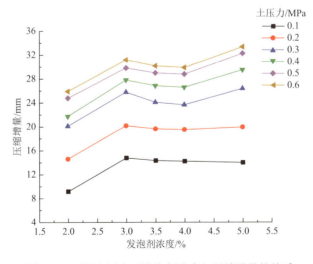

图 3.15　不同土压力下发泡剂浓度与压缩增量的关系

　　由图 3.15 可以看出，在不同土压力状态下，发泡剂浓度的改变对压缩增量的影响规律基本类似，均呈现出在发泡剂浓度较低时，土体压缩增量的增加幅度较大；在发泡剂浓度超过 3%以后，土体的压缩增量基本变化不大。具体盾构施工可根据发泡剂浓度对压缩增量的影响选择合适的参数。

不同发泡剂浓度下土压力与改良渣土孔隙比的关系如图 3.16 所示。

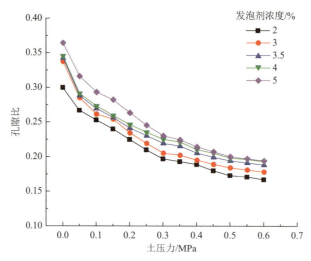

图 3.16　不同发泡剂浓度下土压力与改良渣土孔隙比的关系

由图 3.16 可以看出，在其余参数相同的情况下，发泡剂浓度的增加能够使土体的孔隙比略微增加。例如，当土压力为 0.3MPa 时，发泡剂浓度由 2%、3%、3.5%、4%增加至 5%，对应的孔隙比由 0.193、0.216、0.224、0.225 增加至 0.226，分别增加了 11.92%、3.70%、0.45%以及 0.44%。孔隙比少量上升的原因主要是发泡剂浓度的增加使泡沫的稳定性和表面黏度增加，表面黏度较大的溶液所产生的泡沫寿命也较长，从而使土体中更多的泡沫能够与土体混合存在。

3.3　渣土剪切试验结果与分析

3.3.1　泡沫注入率对渣土剪切性的影响

改良渣土的剪切性主要通过剪切试验来分析，试验中通过记录不同压力条件下十字板剪切扭矩来反映渣土的剪切特性，不同泡沫注入率下土压力与转动扭矩的关系如图 3.17 所示。

由图 3.17 可以看出，在不同泡沫注入率下，十字板的转动扭矩基本随土压力的增大呈线性变化，而泡沫注入率的大小会对转动扭矩拟合曲线的斜率产生影响，这也是泡沫注入率对渣土剪切性能影响的主要体现。泡沫注入率从 20%、40%、60%增加至 80%的过程中，转动扭矩拟合曲线的斜率从 13.46、10.56、5.57 降低

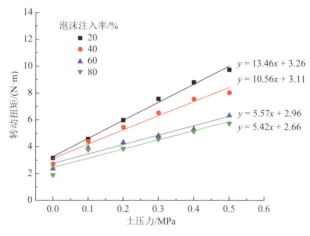

图 3.17　不同泡沫注入率下土压力与转动扭矩的关系

至 5.42，分别降低了 21.55%、47.25%以及 2.69%。可以看出，泡沫注入率的增加很明显地降低了改良土体的剪切性，在泡沫注入率超过 60%以后，泡沫的增加对剪切性的影响已经不太明显，且试验过程中也能够发现此时泡沫过多引起改良渣土的和易性过低，盾构施工中这种情况容易产生突水、突泥等危险。另外，通过观察转动扭矩拟合曲线的初始值可以看出，泡沫注入率的增加对初始值的影响较小，仅少量降低了初始的转动扭矩，当泡沫注入率从 20%、40%、60%增加至 80%时，初始的转动扭矩从 3.26N·m、3.11N·m、2.96N·m 降低至 2.66N·m，分别降低了 4.60%、4.82%以及 10.14%。

3.3.2　泡沫气液比对渣土剪切性的影响

改良渣土的剪切性主要通过剪切试验来分析，试验中通过记录不同压力条件下十字板剪切扭矩来反映渣土的剪切特性，不同泡沫气液比下土压力与转动扭矩的关系如图 3.18 所示。

由图 3.18 可以看出，与前述情况相同，十字板的转动扭矩基本随土压力的增大呈线性变化，泡沫气液比的大小会对转动扭矩拟合曲线的斜率产生影响，这表明泡沫气液比的大小能够直接影响渣土的剪切性。泡沫气液比从 6、8、10、12增加到 14，转动扭矩拟合曲线的斜率从 5.52、4.92、5.57、11.75 变化至 15.24，分别变化了-10.87%、13.21%、110.95%以及 29.70%。可以看出，泡沫气液比的增加明显增大了渣土改良的转动扭矩，较低的泡沫气液比对转动扭矩拟合曲线的斜率影响不大，仅小幅度变化，在泡沫气液比增加至 10 以后，转动扭矩拟合曲线的斜率出现较大的增幅，随后稍微降低。另外，通过观察转动扭矩拟合曲线的初始值可以看出，较低的泡沫气液比会对转动扭矩产生较大的影响，当泡沫气液比由

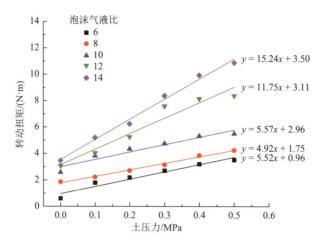

图 3.18　不同泡沫气液比下土压力与转动扭矩的关系

6、8 增加至 10 时，对应的初始转动扭矩由 0.96N·m、1.75N·m 增加至 2.96N·m，较高的泡沫气液比对初始的转动扭矩影响逐渐减小；当泡沫气液比由 10、12 增加至 14 时，对应的初始转动扭矩由 2.96N·m、3.11N·m 增加至 3.50N·m。出现上述情况的主要原因是泡沫气液比的改变主要对有效泡沫的量产生影响，在泡沫气液比较低时，土体中有效泡沫的量已经足够，对转动扭矩拟合曲线的斜率影响较小，仅多余的泡沫会影响渣土的初始剪切扭矩；相反，在泡沫气液比较高时，土体中有效泡沫的量不足，对转动扭矩拟合曲线的斜率会产生较大的影响，转动扭矩初始值因泡沫的影响不足而变动，不如泡沫气液比较低时的影响大。显然，泡沫的转动扭矩拟合曲线的斜率能够作为选择泡沫气液比的依据。

3.3.3　地层含水率对渣土剪切性的影响

改良渣土的剪切性主要通过剪切试验来分析，试验中通过记录不同压力条件下十字板剪切扭矩来反映渣土的剪切特性，不同地层含水率下土压力与转动扭矩的关系如图 3.19 所示。

由图 3.19 可以看出，与前述情况相同，十字板的转动扭矩基本随土压力的增大呈线性变化，地层含水率的改变会对转动扭矩拟合曲线的斜率产生影响。地层含水率由 18%、20%、22%增加至 24%时，转动扭矩拟合曲线的斜率由 17.04、5.57、5.50 降低至 5.15，分别减小了 67.31%、1.26%以及 6.36%。可以看出，地层含水率在 20%～24%时，地层含水率对转动扭矩拟合曲线的斜率影响较小，说明此时土体中有效泡沫的量已经足够；当地层含水率为 18%时，转动扭矩拟合曲线的斜率迅速增大，说明此时地层含水率不足使泡沫破裂较多，从而大大降低了改良的作用。另外，观察转动扭矩拟合曲线的初始值可以看出，地层含水率的变化始终

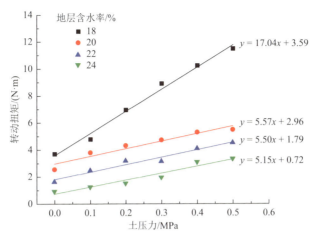

图 3.19　不同地层含水率下土压力与转动扭矩的关系

会对初始转动扭矩产生较大的影响，地层含水率由 18%、20%、22%增大至 24%时，对应的初始转动扭矩由 3.59N·m、2.96N·m、1.79N·m 减小至 0.72N·m。出现这种情况的原因一方面是地层含水率的增加直接降低了土体的剪切性，另一方面是泡沫的注入使土体中有效泡沫增加。

3.3.4　发泡剂浓度对渣土剪切性的影响

改良渣土的剪切性主要通过剪切试验来分析，试验中通过记录不同土压力条件下十字板剪切扭矩来反映渣土的剪切特性，不同发泡剂浓度下土压力与转动扭矩的关系如图 3.20 所示。

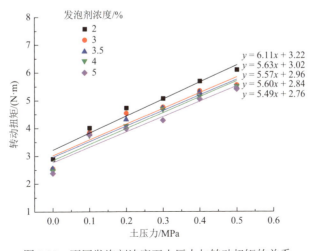

图 3.20　不同发泡剂浓度下土压力与转动扭矩的关系

　　由图 3.20 可以看出，与前述情况相同，十字板的转动扭矩基本随土压力的增大呈线性变化，但发泡剂浓度的增加只会稍微降低土体的剪切性。发泡剂浓度由 2%、3%、3.5%、4%增加至 5%时，转动扭矩拟合曲线的斜率由 6.11、5.63、5.57、5.60 变化至 5.49，分别变化了−7.86%、−1.07%、0.54%以及−1.96%，对应的初始转动扭矩由 3.22N·m、3.02N·m、2.96N·m、2.84N·m 降低至 2.76N·m，分别降低了 6.21%、1.99%、4.05%以及 2.82%。可以看出，发泡剂浓度在 2%～3%变化时，土体的剪切性受到一定程度的影响，在发泡剂浓度超过 3%以后，发泡剂浓度的变化基本不会影响土体的剪切性，说明土体中有效泡沫的数量仅在发泡剂浓度较低时变化较大，而在发泡剂浓度超过一定值以后，有效泡沫的量仅少量增加，因此在实际应用中，过大的发泡剂浓度不一定能够起到预期的改良效果，往往会造成资源的浪费。

参 考 文 献

[1]　郭喆. 土的压缩过程分析模型及其工程应用[D]. 长沙: 湖南大学, 2018.

[2]　刘亦民. 砂土地基电渗加固机理试验和理论研究[D]. 杭州: 浙江大学, 2019.

[3]　周桂云. 工程地质[M]. 南京: 南京东南大学出版社, 2018.

[4]　刘明振. 土力学与基础工程[M]. 重庆: 重庆大学出版社, 2014.

[5]　王树英, 刘朋飞, 胡钦鑫, 等. 盾构隧道渣土改良理论与技术研究综述[J]. 中国公路学报, 2020, 33(5): 8-34.

[6]　刘琦, 王沛, 董金奎, 等. 土压平衡盾构掘进中泡沫掺量对渣土改良的试验研究[J]. 天津建设科技, 2016, 26(2): 41-44.

[7]　郭彩霞, 史磊磊, 李冬梅, 等. 土压平衡盾构水下隧道施工渣土塑流化改良研究[J]. 市政技术, 2016, 34(5): 99-102.

[8]　于德海, 张涛, 姜谙男. 复杂条件下地铁盾构施工过程的影响因素分析[J]. 铁道工程学报, 2015, 32(5): 86-91.

[9]　王俊, 何川, 王闯, 等. 砂土地层土压盾构隧道施工掌子面稳定性研究[J]. 岩土工程学报, 2018, 40(1): 177-185.

[10]　支斌, 李树忱, 段壮. 渣土改良剂对砂土渗透性的改良机制[J]. 土木工程, 2020, 9(12): 1283-1291.

[11]　汪辉武. 全风化花岗岩土压平衡盾构泡沫渣土改良技术试验研究[D]. 成都: 西南交通大学, 2018.

第 4 章　渣土的流塑性

土压平衡盾构安全快速施工的关键是土舱内的土体能够形成塑性流动状态，即开挖后的土体具有较好的流塑性、较低的剪切性以及较大的渗透性，使掌子面能够保持稳定且渣土能够顺利排出[1-5]。目前，渣土流塑性的评价方法主要有坍落度评价法、黏稠指数评价法、流动度评价法和搅拌试验评价法。其中，坍落度评价法试验简便，在建筑材料领域已有较为完备的应用基础。本章以 3.1 节所述渣土为试验材料，根据表 3.3 所示的试验研究工况，采取控制变量法进行试验，研究泡沫注入率、泡沫气液比、渣土含水率、发泡剂浓度等对改良渣土流塑性的影响，进而提出最优的泡沫配比。本章考虑土体的离散性，利用离散元软件 PFC3D 对泡沫改良渣土进行微观力学分析，探讨泡沫改善渣土流塑性的微观机理。

4.1　渣土流塑性室内试验

4.1.1　试验材料

本试验所采用的土样为 3.1 节所述渣土，其具体物理力学指标如表 3.1 所示，粒径分布如表 3.2 所示。

泡沫的稳定性对泡沫改良渣土的性能影响很大，而影响泡沫稳定性的因素有很多，如发泡剂的种类、发泡方式、发泡剂浓度、发泡压力等。由 Efnacr 于 2005 年提出的发泡方法和半衰期测定方法，现已广泛应用于渣土改良领域。渣土流塑性室内试验所用发泡体系如图 2.7 所示，泡沫基本性能参数如表 4.1 所示，同时参考 Efnacr 所用的发泡系统。相应发泡参数的定义及计算方法如下：

$$C_f = \frac{Q_f}{Q_L} \times 100\% \qquad (4.1)$$

$$\text{FER} = \frac{Q_F}{Q_L} \qquad (4.2)$$

$$\text{FIR} = \frac{Q_F}{Q_S} \times 100\% \qquad (4.3)$$

式中，C_f 为发泡剂浓度，%；FER 为泡沫发泡率，%；FIR 为泡沫注入率，%；Q_f 为发泡剂原液体积，m^3；Q_F 为泡沫体积，m^3；Q_L 为发泡剂溶液体积，m^3；Q_S 为改良土体体积，m^3。

表 4.1　泡沫基本性能参数

参数	数值及类型
泡沫类型	阴离子型
发泡剂浓度/%	2、3、3.5、4、5
发泡剂溶液密度/(g/m³)	1.1
发泡压力/bar	3
泡沫发泡率/%	13.6
半衰期/min	16.5

注：1bar = 100kPa。

4.1.2　坍落度试验简介

坍落度试验原本为测试新搅混凝土和易性的重要手段，近年来，国内外众多学者将此方法引入盾构渣土改良领域，用坍落度评价改良渣土的流塑性[6-8]。坍落度试验使用标准的试验设备，即标准坍落度筒，其上口直径为 100mm，下口直径为 200mm，高度为 300mm。捣拌棒是直径为 16mm，长为 650mm，并具有半球形端头的钢制圆棒。坍落度试验装置如图 4.1 所示。

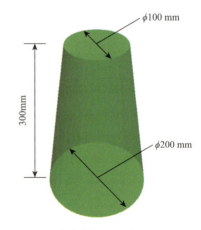

(a) 实物图　　　　　　　　　　　　　　(b) 坍落度筒尺寸示意图

图 4.1　标准坍落度筒

坍落度试验步骤如下：

（1）将称量好的水与烘干后的试样倒入搅拌桶正反转各搅拌 15s；

（2）启动发泡装置，按照规定的发泡剂浓度和发泡压力等产生泡沫，用量杯量取定量泡沫后倒入搅拌桶正反转各搅拌 15s；

（3）将改良渣土分为 6 层装入坍落度筒内，过程无须振捣，并从泡沫开始倒入搅拌桶计时，待 180s 后将坍落度筒在 5s 内沿垂直方向匀速缓慢提起；

（4）每次试验记录其坍落度及改良渣土整体特性，并采用单反相机拍照记录；

（5）若试样出现坍边、不对称，则应作废，并重新进行试验，为了确保搅拌的均匀性，需要对同一试样多次测量取其平均值。

4.1.3　试验结果及分析

1. 泡沫注入率对渣土流塑性的影响

在泡沫气液比为 8，发泡剂浓度为 3%，渣土含水率为 20%的条件下，不同泡沫注入率对渣土坍落度的影响如图 4.2 所示。

(a) 20%泡沫注入率　　　　　　　　　　(b) 40%泡沫注入率

(c) 60%泡沫注入率　　　　　　　　　　(d) 80%泡沫注入率

图 4.2　不同泡沫注入率下渣土坍落度情况

泡沫注入率与渣土坍落度的关系如图 4.3 所示。由图 4.3 可以看出,随着泡沫注入率的增加,渣土坍落度呈现上升的趋势,表明泡沫注入率能够直接影响渣土的和易性。当泡沫注入率较小时,渣土坍落度的变化趋势较缓,这主要是由于少量的泡沫未能对渣土的整体性能产生太大的影响;泡沫注入率从 40%增加到 60%的过程中,渣土坍落度迅速增加,从 5.5cm 增加到 9.6cm,此时泡沫可以起到较强的改良作用;当泡沫注入率由 60%增加到 80%时,渣土坍落度的变化趋势逐渐减缓,从 9.6cm 增加到 11.3cm,表明此时泡沫的量已经超过了渣土所需的量,因此改良效果并不明显。综上所述,渣土改良中泡沫注入率设置在合适的范围内能够节约材料,同时产生较好的改良效果。

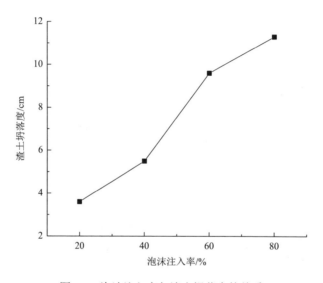

图 4.3   泡沫注入率与渣土坍落度的关系

2. 泡沫气液比对渣土流塑性的影响

在发泡剂浓度为 3%,渣土含水率为 20%,泡沫注入率为 20%的条件下,不同泡沫气液比对渣土坍落度的影响如图 4.4 所示。

由图 4.4 可以看出,随着泡沫气液比的增加,渣土坍落度呈现下降的趋势,说明泡沫气液比的大小会对渣土坍落度的变化趋势产生影响;当泡沫气液比为 6~10 时,渣土坍落度基本呈线性下降,且渣土坍落度的变化率约为 1.625cm/气液比;当泡沫气液比为 10~14 时,渣土坍落度的下降趋势较前述情况放缓,但也基本呈线性变化,且渣土坍落度的变化量约为 0.7cm/气液比。综上所述,泡沫气液比越小,对渣土和易性的影响越大,但从经济性和安全方面考虑,应该选择合适的泡沫气液比进行渣土改良。一般情况下,盾构施工要求的渣土坍

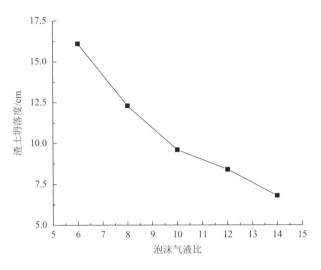

图 4.4　泡沫气液比与渣土坍落度的关系

落度在 10～15cm，因此在泡沫注入率为 20% 时，泡沫气液比选择在 8～10 是较为经济实用的。

3. 渣土含水率对渣土流塑性的影响

在发泡剂浓度为 3%，泡沫注入率为 20%，泡沫气液比为 8 的条件下，不同渣土含水率对渣土坍落度的影响如图 4.5 所示。

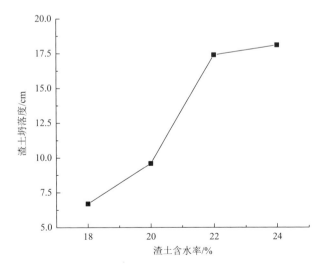

图 4.5　渣土含水率与渣土坍落度的关系

由图 4.5 可以看出,提高渣土含水率能够增加土体的和易性,这主要是由土体中水的增加导致的。在渣土含水率较低时,20%泡沫注入率不能使土体的和易性得到较大提升;在渣土含水率过高时,泡沫注入率对渣土坍落度的影响不大,渣土含水率从 18%、20%、22%增加至 24%,对应的渣土坍落度从 6.7cm、9.6cm、17.4cm 增加至 18.1cm,分别增加了 43.28%、81.25%以及 4.02%。由此可知,20%的泡沫注入率下能够对渣土含水率为 20%～22%的地层起到较好的改良效果。渣土含水率过低会造成泡沫失水进而使有效泡沫的量降低,渣土含水率过高则会导致有效泡沫的量过剩。对于渣土含水率为 20%的地层,该参数下的渣土改良效果是理想的。

4. 发泡剂浓度对渣土流塑性的影响

在泡沫注入率为 20%,泡沫气液比为 8,渣土含水率为 20%的条件下,不同发泡剂浓度对渣土坍落度的影响如图 4.6 所示。

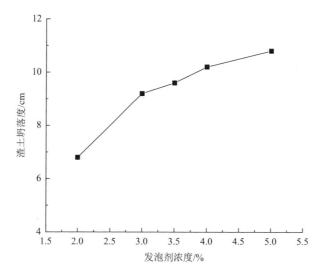

图 4.6　发泡剂浓度与渣土坍落度的关系

由图 4.6 可以看出,提高发泡剂浓度能够增加土体的和易性,分析原因主要是发泡剂浓度的增加使泡沫的稳定性和表面黏度增加,表面黏度较大的溶液所产生的泡沫的寿命也较长,从而使土体中更多的泡沫能够发挥改良作用。当发泡剂浓度从 2%增加至 3%时,对应的渣土坍落度从 6.7cm 增加至 9.2cm,增加了 37.31%;当发泡剂浓度从 3%、3.5%、4%增加至 5%时,对应的渣土坍落度从 9.2cm、9.6cm、10.2cm 增加至 10.8cm,分别增加了 4.35%、6.25%以及 5.88%。显然,在发泡剂浓度超过 3% 以后，发泡剂浓度的改变对渣土坍落度的影响已经不太明显，因此这种泡沫改良方式下，3% 的发泡剂浓度是其设置的拐点。

4.2　渣土流塑性数值试验

盾构渣土具有特殊性，要求所选择的数值模拟计算程序首先应能够反映岩土工程大变形问题，并且模拟时能够兼顾地层土的离散特性，因此选择一个能够模拟非连续介质结构破坏及变形发展的数值计算程序具有极为重要的现实意义。选取数值模拟计算程序的基本要求为：①能够反映岩土体发生大变形的实际情况；②能够模拟岩土体结构破坏；③能够模拟变形直至破坏的发展过程；④能够模拟地层土颗粒间的接触关系。

因此，本节采用离散元数值方法对砂性地层地铁施工中土质改良技术进行研究。离散元的基本思想是将不连续体看成是具有一定形状和质量的刚性颗粒单元的集合，每个刚性颗粒单元应满足运动方程和接触本构方程，整个集合的变形和演化过程由各单元的运动和相互位置来描述。离散元理论的核心是颗粒间接触本构模型，运算法则是运动方程的有限差分法，它允许单元间的相对运动，适用于求解大位移和非线性问题[9-13]。

颗粒离散元法在模拟计算中采用如下假设[14, 15]：①颗粒为刚性体，颗粒系统的变形是这些颗粒接触点变形的总和；②颗粒之间的接触发生在很小的区域内，在接触点处允许发生一定的重叠量，颗粒之间的重叠量与颗粒尺寸相比应很小；③在每个时步内，扰动不能从任一颗粒同时传播到它的相邻颗粒。在所有的时间内，任一颗粒的合力可以由与其接触的颗粒之间相互作用唯一确定。

泡沫作为渣土改良剂可改变开挖天然渣土的力学性质、润滑刀具和渣土界面、减少刀具的磨损、提高土压平衡盾构掘进效率。目前，虽然对泡沫改良渣土的调节作用进行了大量的研究，但现有的研究主要局限于泡沫对渣土和易性影响的宏观分析，无法解释泡沫对渣土的微观调节机理。因此，本章利用离散元软件 PFC3D 对泡沫改良渣土进行微观力学分析，探讨泡沫改善渣土流塑性的微观机理。

4.2.1　坍落度数值试验

土体改良的重要特性之一是流塑性，确定土体流塑性的试验是坍落度试验。本节通过建立改性土坍落度试验的离散元数值模型，开展了几种配比改性土（砂土）的坍落度数值试验，具体工况如表 4.2 所示。数值模型中保持砂土试样的含水率和发泡剂浓度恒定，重点探究泡沫注入率对渣土流塑性的微观改良机理。

表 4.2　坍落度数值试验工况

工况	Y1	Y2	Y3	Y4	Y5
泡沫注入率/%	0	10	15	20	30

在模拟坍落度试验时，将改良土材料简化为一组随机排列的均匀颗粒单元，颗粒单元之间相互连接并保持连续变形，颗粒单元尺寸大于实际砂土颗粒尺寸，每个颗粒单元相当于实际改性土颗粒的集合。改良土宏观力学特性的模拟取决于等效离散元模型接触关系的选取。本节主要研究的是泡沫改良土，因此数值模型中包括泡沫和土体两种材料，其中砂土颗粒间的接触模型选取为无黏结特性的线性接触模型（linear contact model），泡沫颗粒间及泡沫与砂土颗粒间的接触模型选取为线性接触黏结模型（linear contact bond model），其相互作用关系如图 4.7 所示，数值模型所用到的材料细观参数如表 4.3 所示。

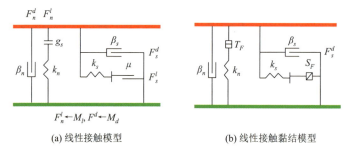

(a) 线性接触模型　　　　　　　　　　(b) 线性接触黏结模型

图 4.7　离散元接触模型

F^d-阻尼力；F^l-线性接触力；M_l-法向线性力更新方式；M_d-阻尼力更新方式；β-阻尼系数；k-弹簧刚度；μ-摩擦因数；下标 s-切向；下标 n-法向；T_F-抗拉强度；S_F-抗剪强度

表 4.3　材料细观参数

工况	接触类型	法向接触刚度/(N/m)	切向接触刚度/(N/m)	摩擦系数	法向黏结强度/(kN/m^2)
Y1	土颗粒-土颗粒	3×10^5	3×10^5	0.8	0
Y2	土颗粒-土颗粒	3×10^5	3×10^5	0.65	0
	泡沫颗粒-土颗粒	3×10^{-2}	3×10^{-2}	0.42	20
	泡沫颗粒-泡沫颗粒	3×10^{-2}	3×10^{-2}	0.01	30

续表

工况	接触类型	法向接触刚度/(N/m)	切向接触刚度/(N/m)	摩擦系数	法向黏结强度/(kN/m²)
	土颗粒-土颗粒	$3×10^5$	$3×10^5$	0.53	0
Y3	泡沫颗粒-土颗粒	$3×10^{-2}$	$3×10^{-2}$	0.35	20
	泡沫颗粒-泡沫颗粒	$3×10^{-2}$	$3×10^{-2}$	0.01	30
	土颗粒-土颗粒	$3×10^5$	$3×10^5$	0.42	0
Y4	泡沫颗粒-土颗粒	$3×10^{-2}$	$3×10^{-2}$	0.25	20
	泡沫颗粒-泡沫颗粒	$3×10^{-2}$	$3×10^{-2}$	0.01	30
	土颗粒-土颗粒	$3×10^5$	$3×10^5$	0.36	0
Y5	泡沫颗粒-土颗粒	$3×10^{-2}$	$3×10^{-2}$	0.15	20
	泡沫颗粒-泡沫颗粒	$3×10^{-2}$	$3×10^{-2}$	0.01	30

坍落度离散元数值模拟过程为：①根据标准坍落度筒的尺寸（高度为 300mm，上口直径为 100mm，下口直径为 200mm）建立试样承载容器；②用"ball distribute"命令随机生成孔隙率为 0.4 的砂土颗粒（半径为 3.0～5.0mm）和泡沫颗粒（半径为 1.0mm）集合；③采用漂浮颗粒消除算法使每个颗粒至少与其周围两个颗粒相接触；④对模型中的颗粒接触施加接触刚度，赋予模型摩擦系数，施加重力荷载，循环至系统平衡状态；⑤以 0.1m/s 的速度垂直抬升坍落度筒，使土体在重力的作用下自由滑落，待模型达到平衡时，计算试样的坍落度 H 和延展度 D，并对其整体特性进行评价。

坍落度数值试验的颗粒离散元模型如图 4.8 所示，不同工况下的模拟结果如图 4.9～图 4.12 所示。

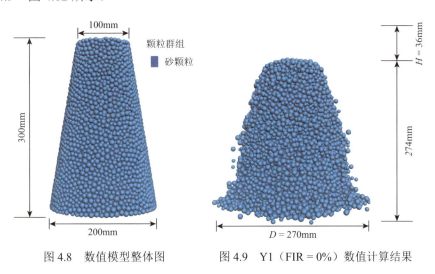

图 4.8　数值模型整体图　　　　图 4.9　Y1（FIR = 0%）数值计算结果

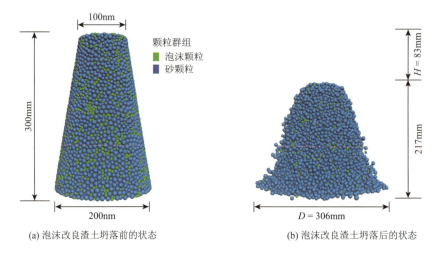

(a) 泡沫改良渣土坍落前的状态　　　　(b) 泡沫改良渣土坍落后的状态

图 4.10　Y2（FIR = 10%）数值计算结果

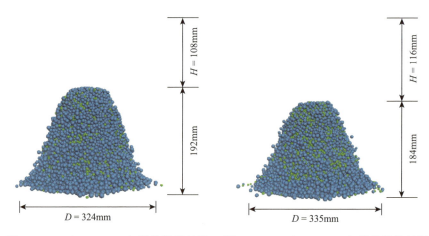

图 4.11　Y3（FIR = 15%）数值计算结果　　图 4.12　Y4（FIR = 20%）数值计算结果

图 4.9～图 4.12 给出了不同泡沫注入率下的坍落度试验结果。试验首先对未添加任何改良剂的砂卵石土样进行坍落度试验，试验结果如图 4.9 所示，坍落度为 36mm，延展度为 270mm，土样流塑性较差，不满足盾构施工要求。图 4.10～图 4.12 为泡沫注入率（FIR）从 10%增加至 20%的试验结果，可以看出，随着泡沫注入率的增加，土体坍落度逐渐增大，其流塑性逐渐增强。

4.2.2　数值结果与分析

1）坍落度和延展度随泡沫注入率的变化规律

表 4.4 和图 4.13 给出了改良渣土坍落度随泡沫注入率的变化情况。可以发现，

当渣土含水率一定时，改良渣土的坍落度和延展度整体上随泡沫注入率的增加而增大。究其原因，当泡沫注入率增加时，改良渣土的屈服强度逐渐减小，流塑性逐渐增强，坍落度逐渐增大。同时，坍落度的增加量随泡沫注入率的增加先增大再减小后又继续增大。例如，泡沫注入率在 15%～20%变化时，坍落度和延展度的增幅并不是很明显；当泡沫注入率为 30%时，试样的坍落度和延展度均比较大，试样流塑性过强，可塑性较差。这表明，渣土改良中泡沫注入率应该设置在合适的范围，而非泡沫注入率越大越好。

表 4.4　不同工况下土体的坍落度和延展度

工况	FIR/%	H/mm	D/mm	状态
Y1	0	36	270	流塑性差
Y2	10	83	306	有一定的流塑性
Y3	15	108	324	流塑性好
Y4	20	116	335	流塑性好
Y5	30	163	380	流塑性过强

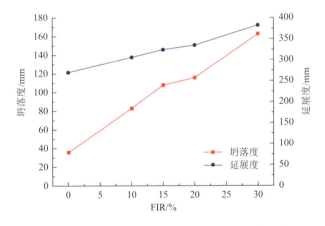

图 4.13　土体坍落度及延展度随泡沫注入率的变化情况

2）试样内部配位数随泡沫注入率的变化规律

图 4.14 为不同工况下颗粒间配位数随坍落时间的变化情况。配位数是指颗粒周围的平均接触数，一般用来描述颗粒状材料的接触特性。从整体上来看，不同泡沫注入率下渣土的配位数随坍落时间的增加有明显的增加趋势。配位数在初始阶段显著上升，随后配位数的增长趋势逐渐放缓。渣土的配位数随着泡沫注入率的增大而增大，且其增加量随着泡沫注入率的增大先增大再减小后又继续增大。以配位数在坍落时间为 3s 时的变化情况为例，当泡沫注入率在 0%～15%变化时，

渣土的配位数从 2.9 增加到 3.5，变化量为 0.6；当泡沫注入率在 15%～20%变化时，渣土的配位数从 3.5 增加到 3.56，增加量为 0.06。这说明：①渣土中的孔隙可以被较小的泡沫颗粒填充，因此可以使渣土的颗粒排列更加密集，泡沫颗粒的填充使渣土的孔隙体积显著减小；②在泡沫改良渣土时，泡沫注入率存在一个最佳值，而非泡沫注入率越大，改良效果越好。

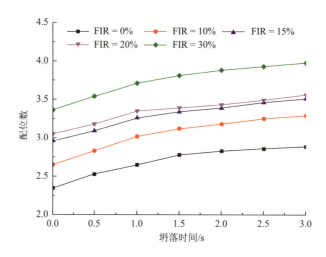

图 4.14　不同工况下颗粒间配位数随坍落时间的变化情况

3）颗粒间接触力链随泡沫注入率的变化规律

图 4.15 为坍落完成后不同泡沫注入率下土体试样在坍落过程中的接触力链演化。图中，接触力链的粗细与接触力的大小成正比，即接触力链越粗，颗粒之间的接触力越大，试样内部应力越大。整体来看，砂土颗粒在自重作用下坍落完成后，试样中部和底部的力链较边界处的力链粗。同时，土样和易性对滑坍过程中力链的分布和演化有较大的影响。由图 4.15（a）可知，未改良土体（FIR = 0%）试样内部存在大量的粗力链，即试样内部表现出较大的应力。当 FIR = 10%时，土体内部的力链相比于未改良试样略细。此时，由于试样内部存在一定数量的泡沫，土颗粒受到泡沫颗粒的抬升作用，泡沫颗粒将一定数量的砂土颗粒隔离，试样内部颗粒间的接触力链变得稀疏，试样内部的应力在一定程度上减小。当 FIR 增加到 15%时，由于试样内部泡沫数量增多，越来越多的砂颗粒被气泡隔离，颗粒间的接触力链变得越来越稀疏，试样内部的应力进一步减小。然而，当 FIR 增加到 20%时，试样内部颗粒间的接触力链相比于 FIR 为 15%时并无明显变化；当 FIR 进一步增加到 30%时，试样内部颗粒间的接触力链相比于 FIR 为 15%时变得较粗和较密。这表明，当 FIR = 15%时，砂土试样的改良状态趋于饱和，改良效果达到最佳。此时，即使加入再多的泡沫（FIR = 20%），也不能对砂土颗粒起到

很好的抬升作用。相反，若泡沫过多（FIR = 30%），则会出现泡沫溢出和破碎的现象，增大砂土颗粒之间直接相互接触的概率，使砂土试样改良过度，同时使得砂土试样内部颗粒间的接触力链重新变粗，试样内部重新出现较大应力。

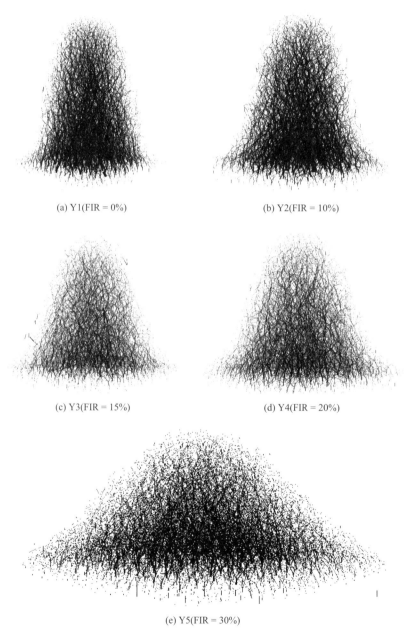

(a) Y1(FIR = 0%)

(b) Y2(FIR = 10%)

(c) Y3(FIR = 15%)

(d) Y4(FIR = 20%)

(e) Y5(FIR = 30%)

图 4.15 不同泡沫注入率下土体试样在坍落过程中的接触力链演化

参 考 文 献

[1] 朱伟, 秦建设, 魏康林. 土压平衡盾构喷涌发生机理研究[J]. 岩土工程学报, 2004, 26(5): 589-593.

[2] 魏康林. 土压平衡式盾构施工中"理想状态土体"的探讨[J]. 城市轨道交通研究, 2007, 10(1): 67-70.

[3] 黄德中. 超大直径土压平衡盾构施工土体改良试验研究[J]. 现代隧道技术, 2011, 48(4): 65-71.

[4] 孟庆琳, 屈福政, 李守巨. 土体旋转流变仪开发与土压平衡盾构改性土体塑性流动特性实验[J]. 岩土工程学报, 2011, 33(10): 1642-1648.

[5] 胡长明, 崔耀, 王雪艳, 等. 土压平衡盾构施工穿越砂层渣土改良试验研究[J]. 西安建筑科技大学学报(自然科学版), 2013, 45(6): 761-766.

[6] 潘振兴, 梁博, 杨更社, 等. 地铁盾构穿越富水砾砂地层渣土改良试验研究[J]. 地下空间与工程学报, 2021, 17(3): 698-705, 711.

[7] 刘飞, 杨小龙, 冉江陵, 等. 基于盾构掘进效果的富水砾砂地层渣土改良试验研究[J]. 隧道建设(中英文), 2020, 40(10): 1426-1432.

[8] 张淑朝, 贺少辉, 朱自鹏, 等. 兰州富水砂卵石层土压平衡盾构渣土改良研究[J]. 岩土力学, 2017, 38(S2): 279-286.

[9] 魏立新, 杨春山, 莫海鸿. 盾构竖井垂直顶管顶升力模型试验及离散元分析[J]. 中南大学学报(自然科学版), 2021, 52(10): 3595-3604.

[10] 耿麒, 卢智勇, 张泽宇, 等. 全断面隧道掘进机滚刀预切槽破岩数值模拟[J]. 西安交通大学学报, 2021, 55(9): 9-19.

[11] 蒋明镜, 王华宁, 李光帅, 等. 深部复合岩体隧道开挖离散元模拟[J]. 岩土工程学报, 2020, 42(S2): 20-25.

[12] 高峰, 谭绪凯, 陈晓宇, 等. 基于离散-连续耦合方法的隧道压力拱特性研究[J]. 计算力学学报, 2020, 37(2): 218-225.

[13] 张孟喜, 张梓升, 王维, 等. 正交下穿盾构开挖面失稳的离散元分析[J]. 上海交通大学学报, 2018, 52(12): 1594-1602.

[14] Cundall P A, Strack O D L. A discrete numerical model for granular assemblies[J]. Géotechnique, 1979, 29(1): 47-65.

[15] Itasca Consulting Group, Inc. PFC2D: Particle flow code in 2 dimensions(Version 3. 1)[R]. Minneapolis: Itasca Consulting Group, Inc. , 2004.

第 5 章 渣土的渗透性

正常情况下，土压平衡盾构的土舱及螺旋出土器内土体为塑性流动状态，此状态下土体既具备充分的流塑性，从而保障土体流畅地从掌子面排出，又具备一定的强度，从而利于建立土舱压力[1, 2]。在砂性等渗透性较强的地层中，当土压平衡盾构位于地水位以下施工时，地层颗粒间隙成为土体中的水流通道，存在地下水涌入掌子面的风险[3-6]。此时，螺旋出土器处的土体流速可能难以控制，从而出现喷泥、喷水、喷砂等情况，工程界称为喷涌现象，这种现象在级配不良时更为明显[7-10]。在喷涌现象发生时，螺旋出土器的排土速度将极难控制，掌子面前方掘削下的土体在土舱内流动后迅速经由出土器排出，土舱内土压力无法建立，施工中掌子面失稳的问题尤为严重；此外，过高的排土速度将导致掌子面前方土体损失过大，过大的地层损失反映在地表上为地表沉降超限、地面塌陷等现象；当盾构穿越江河湖海时，还存在地下水系与地表水系连通的风险，严重时将淹没隧道，极大威胁施工安全[11, 12]。可见，地层渗透性的控制将在很大程度上决定施工效率及施工安全。

现有研究表明，在盾构选型已确定的情况下，采取以下措施可有效控制盾构施工过程中的喷涌风险[13-16]：①从配套设施上进行改进，此方法处置现象效果较为滞后，且成本高，耗时长，操作困难；②重视地勘工作，尽可能地加强地勘准确性，在喷涌高发地层到来前提前做好相应的准备措施，由于地质条件的复杂性，此方法仍处于发展阶段，并存在较大的局限性；③着重采用辅助措施进行喷涌防治，其中泡沫渣土改良作为一种普适低价、易于量化控制的处置方式，是降低地层渗透性的最佳手段。低渗透性的渣土，一方面有利于在土舱处阻止外部水体进入，另一方面可在螺旋出土器处形成一定的栓塞作用，以保障盾构施工安全，防止喷涌现象的产生。

5.1 渣土渗流装置和试验材料及方法

开展改良渣土的渗透性研究有利于扩大土压平衡盾构的适用范围，并降低施工风险，提高施工效率。国内外针对改良渣土渗透性研究的试验器材种类很多，既包括 Bezuijen[17]使用的盾构掘进模拟器材、Peila[18]使用的螺旋出土器模拟器材等复杂大型模型，也包括 Rowe 等[19]使用的简单基础试验盒。过于复杂的试验器材无法应用于施工现场直接指导盾构施工，而过于简单的试验盒需要通过固结等方式间接评价渣土的抗渗能力。数据的变换会造成各种误差，相关规程的模糊规定导致各种渗透仪器形态差异很大，研究结果的普适性较差。

5.1.1　渣土渗流装置

　　试验前充分调研各型渗透性试验器材，对比各试验器材的优点和缺点，在结合各项优势的同时，避免既有仪器的设计缺陷。基于美国材料与试验协会（American Society for Testing and Materials，ASTM）标准 Standard Test Method for Permeability of Granular Soils（Constant Head）（D2434-19）制作了如图 5.1 所示的渣土渗流装置——渗透仪。渗透仪的优点主要为数据处理过程简便、试验仪器构成相对简单等，既可以保障试验数据的准确性，又易于操作试验步骤。

(a) 渗透仪实物图

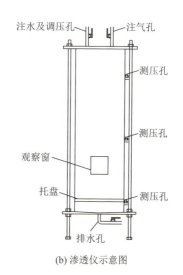

注水及调压孔　　注气孔

测压孔

测压孔

观察窗

托盘

测压孔

排水孔

(b) 渗透仪示意图

图 5.1　渗透仪

　　渗透仪环向约束由内径为 200mm，厚度为 10mm，高度为 650mm 的有机玻璃提供，上部和下部约束由厚度为 10mm 的不锈钢板提供[20]。上部和下部不锈钢板上均设置宽度为 12mm 的卡槽，并在卡槽内布设橡胶垫圈以增强设备的密闭性。上下边界通过螺栓及 4 根钢管固定，并设置 8 个开孔以便于调节对应方向，从而确保密封性。顶部边界钢板分别设置注水及调压孔、注气孔两个孔洞。底部边界钢板设置环向 4°倾角，便于渗流水体由中部的排水孔流出。在环向约束底端设置四个高度为 50mm 的托架，托架上设置直径为 200mm，厚度为 5mm 的不锈钢托盘，托盘可在清洁时从托架上取下，便于清理。托盘上均布透水孔，用于在固定试样的同时保障水体渗流。托盘底部设置孔径为 8mm 的测压管路和管路开关，在底部测压管路上方分别间隔 250mm 和 500mm 设置另外两个管路。在 ASTM 标准中，渗透仪通过侧边测压管测试试样两侧的压差。为提高试验精度并便于测试高水压下的试样渗透表现，本节采用量程为 0.6MPa、精度为 0.001MPa 的数显液压表测试压差。同时，于有机玻璃侧边纵向设置贯穿有机玻璃桶的测试带，测试带精度为 1mm，用于观测试验过程中可能出现的试样高度变化；为准确观察试样在试验过程中的变化特征，确保观察范围稳定，于测试带附近设置边长为 70mm 的正方形观察窗。

5.1.2　试验材料

在颗粒级配对渣土改良效果的影响研究中，共采用了五种土体，为避免土体颗粒成分对试验结果产生影响，五种土体均使用河砂自行配制。土体 1 为 Budach[21] 提出的边界级配；土体 2 为经筛分确定级配曲线后，自行配制的南昌市轨道交通 3 号线的砾砂层；土体 3 为基于南昌砾砂层配制的细颗粒含量更少的土体；土体 4 为随机选取的粗砂；土体 5 为 Budach 体系中级配处于Ⅰ区和Ⅱ区分界线处的土体。五种土体的颗粒级配曲线如图 5.2 所示。

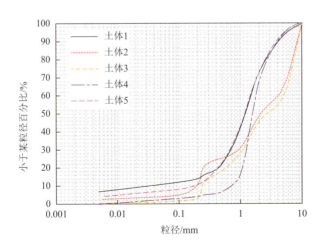

图 5.2　五种土体的颗粒级配曲线

参数 d_{10}、d_{60} 以及不均匀系数 C_u 常用于表述土体级配情况，土体的不均匀系数 C_u 可由式（5.1）计算：

$$C_u = \frac{d_{60}}{d_{10}} \tag{5.1}$$

式中，d_{10} 为过筛重量占总重量 10%的颗粒粒径；d_{60} 为过筛重量占总重量 60%的颗粒粒径。

本节所采用的各类土体级配参数如表 5.1 所示。

表 5.1　试验土体级配参数

土体	d_{10}/mm	d_{60}/mm	C_u
1	0.05	1.55	31
2	0.19	4	21.05
3	0.23	5	21.73
4	0.7	1.82	2.6
5	0.18	1.55	8.61

5.1.3　试验方法

在 ASTM 标准指导下的渗透性试验需要从下方向土样注水饱和后，再进行加压，试验过程缓慢且浪费水资源。渗透性试验主要研究经泡沫改良后的渣土渗透性能，因此正式试验开始前的土体饱和步骤可被忽略。此外，为节约试验时间，便于在施工现场开展试验以指导施工，试验采用了 Borio 等[22]和 Peila 的试验方案，修改测试渗透系数为测试滤液体积达 2L 的时间；同时，试验采取钟小春等[23]使用的气压加压法，在试样上方具备一定体积水体后，将注入水体施加压力改为注入高压空气施加压力。以上两处变更使得改良渣土渗透试验速度大幅提升，所需要的水体积大幅降低。

应指出的是，ASTM 标准规定，渗流桶直径应为测试土样中最大粒径的 8～12 倍，因此本节试验土体配制过程中未使用最大粒径 20mm（$D/10$）以上的颗粒，以确保试验过程的精确性。试验具体步骤如下。

（1）制备土体：按照颗粒级配曲线配制 10kg 的干燥试验土样，并加水混合至所需含水率，静置 1h 使土体与水充分混合。

（2）混合泡沫：调节发泡系统参数至所需发泡剂浓度、发泡压力、泡沫气液比等，将泡沫以指定泡沫注入率注入土体并使用搅拌机混合。

（3）填充土样：按每层高度为 3cm 向渗透仪中填充土体，高度达到 3cm 后使用击捣棒均匀击打 20 下，重复此步骤直至将所有土体填充完毕。

（4）注入渗流水：由渗流仪上方注水孔注入渗流水，直至液面高度比试样高度高 10cm，即试样上方水体积为 3.14L，注入过程中，下方排水孔处于开启状态。

（5）施加气压：将空压机连接渗流仪上方注气孔，调节液面上方气压至指定压强。

试验过程中，记录滤液体积及质量时程变化，观察土体形态变化、试样高度变化等参数。

5.2　改良参数对土体渗透性影响规律研究

Peila 在 1bar 水压下，分别采用四种不同级配的土体进行验证试验，土体包括黏性颗粒含量较高的火山灰土、细颗粒含量极低的砂卵石。验证试验表明，标准的渗透系数评价法与作者提出的渗水量评价法之间可建立良好的对应关系，因此使用渗水时间评价土体渗透性是可靠的。本节试验使用 5.1.2 节中的土体，借鉴 Peila 的试验方法，将测试渗透系数变更为测试渗流时间。

5.2.1　压差的影响

在本节的研究中，除了压差，其他参数取值为：含水率为 6%，发泡剂浓度为 3%，气液比为 10（其中发泡剂流速为 200mL/min），发泡气压为 0.3MPa，泡沫注入率为 40%，作用于试样上的压差为 0.1bar。

试验中各压差下滤液体积时程曲线如图 5.3 所示。

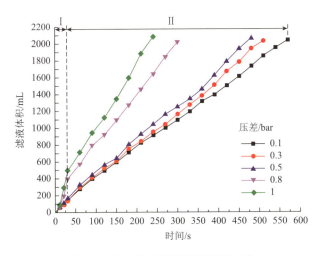

图 5.3　各压差下滤液体积时程曲线

由图 5.3 可见，滤液体积时程曲线可大致分为两个阶段，即不同压差下体积增量相近的阶段 I，以及体积增量差异逐渐显现的阶段 II，二者的分界时间节点为 30s。渗流时间在 30s 内时各压差下滤液体积相近，分析原因是该阶段内改良渣土具备良好的渗透性能，作用在改良渣土上的水压可近似视为均布压力，在该压力下土颗粒重新分布；在渗流时间超过 30s 后，土颗粒重分布完成，在前期渗流作用下，部分气泡被带出改良渣土，前期渗流水在土体内形成渗流通道，高压作用下渗流水易在渗流通道内迅速通过，因此该阶段内高压渗流量迅速增长。此外，渗流量在压差为 0.5bar 以下时变化较小，可见针对不同土体存在一个临界压差，当压差高于临界压差时土体抗渗能力迅速下降，对于本级配的砂土，临界压差为 0.5bar。

各压差下滤液体积达 2000mL 用时曲线如图 5.4 所示。

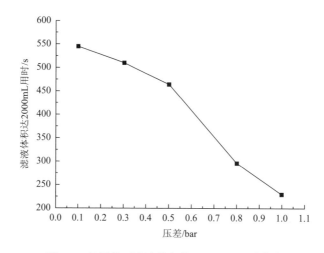

图 5.4　各压差下滤液体积达 2000mL 用时曲线

由图 5.4 可见，压差直接影响改良渣土的抗渗能力。当压差在小于 0.5bar 时，土体抗渗能力小幅下滑；当压差达 0.8bar 时，土体抗渗能力大幅下滑 40% 以上，可见该压差可以破坏试验土体，在土体内部形成渗流通道，从而加快渗流速度。在压差大于 0.8bar 以后，土体抗渗能力随压差增加的降低幅度再次降低，可见决定土体试样抗渗能力的主要因素为土体内部是否存在渗流通道，导致土体抗渗能力大幅下降的决定因素为渗流通道的形成。0.1bar 压差下水体渗流至 2000mL 用时为 545s，1bar 压差下水体渗流至 2000mL 用时为 230s，0.1bar 压差下渗流时间为 1bar 压差下的 2.37 倍。为更加保守地建立 0.1bar 压差下渗流时间评价体系，将 0.1bar 压差下的临界渗流时间视为 1bar 下的 3.17 倍，即 200s，该临界渗流时间用于以下渗流试验的分析。

试验中各压差下滤液密度时程曲线如图 5.5 所示。

由图 5.5 可见，滤液密度在不同压差作用下均呈对数曲线形式，各压差下滤液密度均存在与上述滤液体积相同的阶段 Ⅰ 及阶段 Ⅱ，且分界时间节点同为 30s。阶段 Ⅰ 内滤液密度均显著低于水的密度，原因为该阶段内土体颗粒和颗粒间的

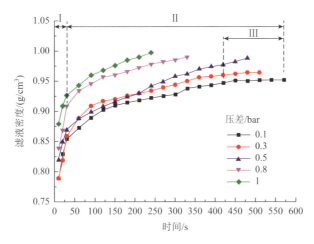

图 5.5　各压差下滤液密度时程曲线

气泡在水压作用下相互挤压并重新分布，部分富余气泡被挤压出改良土体并随滤液流出，此阶段内滤液密度迅速升高，这是由于土体内富余气泡量在高压作用下迅速降低，滤液内包含的气相水平也随之迅速降低；阶段Ⅱ内滤液密度进一步增长但增速降低，此时滤液密度增长的原因为滤液不断将土体中的细颗粒带出；阶段Ⅲ出现在 0.3bar 压差下的渗透后期（420s），此阶段内滤液密度趋于稳定，出现此现象的原因为土体内富余气泡被充分排出，土体在压力作用下自稳情况良好，颗粒随滤液排出的现象也得以缓解；同时间段内高压差作用下滤液密度进一步上升，可见高压差作用下土体内部难以自稳，不断有细颗粒随渗流水流出。

　　综上可见，高压差作用将直接引起土体内细颗粒排出，且高压差下土体颗粒难以形成稳定结构，细颗粒将不断被排出，土体渗透性将不断被削弱。因此，长时间高压差作用下，仅使用泡沫渣土改良难以满足抗渗需求，应结合使用膨润土等改良材料以补充土体内的细颗粒成分。

5.2.2　泡沫注入率的影响

　　泡沫注入率是衡量土体内部气泡组分比例的基本参数，高泡沫注入率可以直接保障土体内气泡含量，使得土颗粒间空隙和泌水通道被气泡封闭，从而保障泡沫改良效果。本节取原状土试样 10kg，将干燥试样装入渗透桶内发现其体积约为 6L（$V_s = 6L$），由该体积计算所得桶内原状土密度为 1.67g/cm³，与试验前测得的原状土密度 1.7g/cm³ 相比误差很小，可见本试验采用的试样制备方法可行。

　　在本节研究中，除了泡沫注入率，其他参数取值为：含水率为 6%，发泡剂浓度为3%，泡沫气液比为10（其中发泡剂流速为200mL/min），发泡气压为0.3MPa，作用于试样上的压差为0.1bar。

试验中各泡沫注入率下滤液体积时程曲线如图5.6所示。由图可见，不同泡沫注入率下滤液体积时程曲线均接近线性，压差分析中的阶段Ⅰ及阶段Ⅱ同样适用于各泡沫注入率下的滤液体积时程曲线，二者的分界节点仍为30s。应注意的是，当泡沫注入率小于20%时，滤液体积在30s内迅速增长，渗流曲线仅存在阶段Ⅰ，这种现象是由泡沫注入率不足导致的，10%泡沫注入率下的时程曲线与0%泡沫注入率下的时程曲线极为接近，可见在泡沫注入率小于20%时，泡沫在土体内难以赋存，难以起到改良效果。在泡沫注入率高于20%后，滤液体积首先在阶段Ⅰ的土颗粒和气泡重分布影响下缓慢增长，此后在阶段Ⅱ，由于气泡被渗流水不断带出，泡沫改良效果不断下滑，渗流量迅速增长。

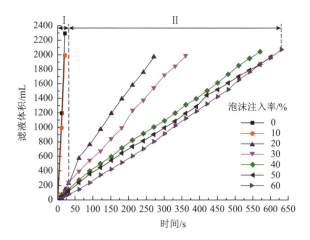

图5.6　各泡沫注入率下滤液体积时程曲线

不同泡沫注入率下滤液体积达2000mL用时曲线如图5.7所示。

由图5.7可见，泡沫注入率显著影响改良渣土的抗渗能力，泡沫注入率达到20%即可满足Peila提出的最低抗渗要求。此外，当泡沫注入率低于10%时，对土体抗渗能力的改善效果微乎其微，泡沫注入率达20%时的渗流时间比0%泡沫注入率下的渗流时间高15倍，而泡沫注入率达40%时的渗流时间比0%泡沫注入率下的渗流时间更是高达34倍；但泡沫注入率为60%时的渗流时间仅比泡沫注入率为40%时的渗流时间高6.6%。可见，选择40%泡沫注入率可充分保障安全储备，较好保障高水压下土体的抗渗能力，并具备一定的经济性。

试验中各泡沫注入率下滤液密度时程曲线如图5.8所示。由图可见，滤液密度时程曲线表现形式与泡沫注入率密切相关，当泡沫注入率小于20%时，该曲线

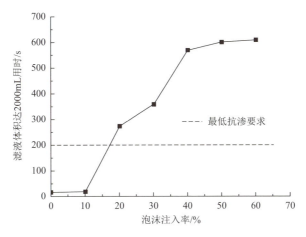

图 5.7　不同泡沫注入率下滤液体积达 2000mL 用时曲线

仅有线性上升的阶段 I；当泡沫注入率在 30%～50%时，该曲线包含线性上升的阶段 I、上升速度减缓的阶段 II 以及趋于稳定的阶段 III；在泡沫注入率高于 50%后，趋于稳定的阶段 III 消失。出现这种现象的原因为：泡沫注入率过高，过多的富余气泡随滤液排出后在土体内留下渗水通道，该通道的形成不利于土体保留细颗粒，滤液密度也随之不断上升。

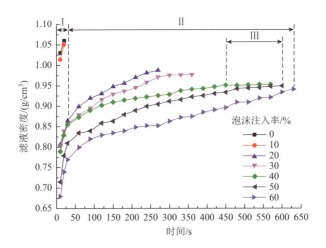

图 5.8　各泡沫注入率下滤液密度时程曲线

　　综上可见，在 40%泡沫注入率下，气泡将起到堵塞土体内部渗水通道的效果，从而大幅提高土体的抗渗能力；但是当泡沫注入率过高时，过量气泡会被迅速排出，进而导致试样内部出现由气泡排出形成的新渗水通道。由此可见，对于砂土，过度地提高泡沫注入率无法达到预想的改良效果，采用高泡沫注入率的泡沫渣土改良反而会降低土体的抗渗能力，若必须使用高泡沫注入率，则应结合使用膨润土以及时补充砂土内的细颗粒成分。

5.2.3　发泡剂浓度的影响

现有的盾构用发泡剂成分多为表面活性剂。表面活性剂可降低液体表面张力，从而便于使用各种方式与气体混合并形成泡沫。发泡剂浓度的不同将直接导致发泡剂表面张力不同，从而使得起泡能力及起泡性能出现差异。在本节的研究中，除了发泡剂浓度，其他主要参数取值为：含水率为 6%，注入率为 40%，泡沫气液比为 10（其中发泡剂流速为 200mL/min），发泡气压为 0.3MPa，使用钢丝球网型发泡枪，作用于试样上的压差为 0.1bar。

试验中各发泡剂浓度下滤液体积时程曲线如图 5.9 所示。由图可见，滤液体积相同的情况下，发泡剂浓度对改良土体的渗透性能影响很大，各发泡剂浓度下滤液体积时程曲线表现形式与各压差及泡沫注入率下相同，同样可分为两阶段。在阶段 II 中，发泡剂浓度 3% 以上的泡沫改良效果明显优于发泡剂浓度 3% 以下的泡沫改良效果，原因为高发泡剂浓度可保障发泡剂中的表面活性剂成分，使得泡沫液膜稳定性增强，泡沫无论是在与砂土的混合过程中还是在水压作用下均不会破裂，从而保障了改良效果。此外，在渗透时间超过 420s 以后，4% 和 5% 发泡剂浓度下的渗流速度出现降低趋势，因此高浓度发泡剂在长期抗渗能力的改善上存在一定的优势。

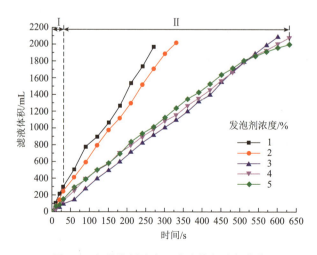

图 5.9　各发泡剂浓度下滤液体积时程曲线

各发泡剂浓度下滤液体积达 2000mL 用时曲线如图 5.10 所示。

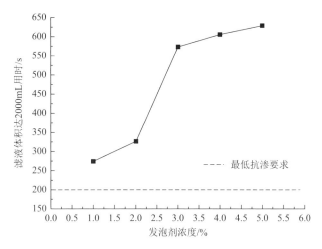

图 5.10　各发泡剂浓度下滤液体积达 2000mL 用时曲线

由图 5.10 可知，发泡剂浓度对泡沫改良土体的渗透性能影响很大，各发泡剂浓度下的泡沫改良效果均可满足最低抗渗需求。3%发泡剂浓度下渗透用时比 1%发泡剂浓度下渗透用时提升了 109.5%，但 5%发泡剂浓度下渗透用时仅比 3%发泡剂浓度下渗透用时提升了 9.7%，因此选择 40%泡沫注入率可充分保证土体渗透性并具备一定的经济性。出现以上现象的原因为：当发泡剂浓度为 3%时，溶液内的有效成分接近 CMC（临界胶束浓度），产品中表面活性剂在气相及液相界面达到饱和，表面活性剂大幅增加了溶液的表面黏度及表面弹性，并在溶液中形成胶束。表面黏度增大使发泡完成后泡沫的排液及衰退过程更加缓慢，表面弹性增强使泡沫液膜强度提高，泡沫更不易破裂，提升了泡沫的稳定性。在发泡剂浓度超过 3%后，表面活性剂的增加无法进一步大幅提升泡沫液膜的稳定性，过度提升发泡剂浓度后，溶液中过多的胶束还会对起泡能力及泡沫稳定性产生不利影响[23, 24]。

试验中各发泡剂浓度下滤液密度时程曲线如图 5.11 所示。

由图 5.11 可见，1%和 2%发泡剂浓度下滤液密度在试验初期显著低于 3%发泡剂浓度以上的滤液密度，出现该现象的原因为低浓度发泡剂生成的气泡粒径较大，不易与砂土密切结合，试验初期泡沫在水压作用下被大量排出，因此滤液密度较低。但 1%和 2%发泡剂浓度下的滤液密度在试验过程中不断上升，并分别在 150s 和 200s 后反超 3%发泡剂浓度下的滤液密度，可见试验过程中气泡被不断压破及排出，试验后期土体内气泡不足，因此滤液密度在试验后期上升速度快。3%发泡剂浓度以上的滤液密度及发展趋势相似，这印证了发泡剂浓度达一定程度后对土体抗渗能力影响变小的结论。

综上可见，发泡剂浓度取为 3%可获得较稳定的气泡，生成的气泡可抵御与土体混合过程中的扰动，并在试验后期持续发挥作用。

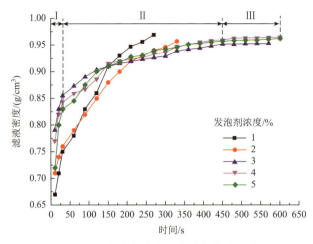

图 5.11　各发泡剂浓度下滤液密度时程曲线

5.2.4　土体含水率的影响

　　土体含水率是影响泡沫改良效果的重要因素之一。当含水率过低时，土体内部干燥的环境将加快气泡液膜的排液速度，增加泡沫在土体内赋存难度并影响泡沫稳定性。对于土体渗透性，过高的含水率显然会导致土体抗渗能力下降，因此有必要研究土体含水率对抗渗能力的影响。在本节研究中，除了土体含水率，其他参数取值为：发泡剂浓度为 3%，泡沫注入率为 40%，气液比为 10（其中发泡剂流速为 200mL/min），发泡气压为 0.3MPa，作用于试样上的压差为 0.1bar。

　　试验中各土体含水率下滤液体积时程曲线如图 5.12 所示。由图可见，土体含水率对土体渗透性的改良效果影响很大，0%和 1%土体含水率下泡沫改良作用微

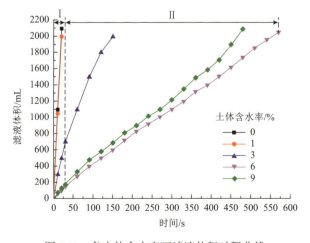

图 5.12　各土体含水率下滤液体积时程曲线

乎其微，虽然此时泡沫注入率已达到 40%，但其滤液体积曲线形式与 6%土体含水率下的 10%和 0%泡沫注入率相似，因此可认为低土体含水率下泡沫无法在砂土中赋存，因此无法起到改良作用。6%土体含水率下的渗流时间远超 3%土体含水率，但 9%土体含水率下渗流时间出现回弹，出现此现象的原因为：在土体含水率达到 6%时土体内已足够湿润，能够保障泡沫在土体内的赋存环境，可充分发挥改良效果；试验土体由无吸水性的砂粒配制而成，在土体含水率为 9%时，土体内水分以游离水的形式充斥在土颗粒间隙，土颗粒与土颗粒间无法紧密接触，注入的泡沫无法稳定搭接在颗粒之间，因此无法起到封堵渗流路径的作用，反而加速了土体内的水流。

　　各土体含水率下滤液体积达 2000mL 用时曲线如图 5.13 所示。

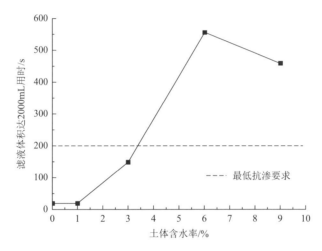

图 5.13　各土体含水率下滤液体积达 2000mL 用时曲线

　　由图 5.13 可见，土体含水率在 3.5%以下时，注入 40%体积的气泡无法达到最低抗渗要求，土体含水率为 6%时的土体渗流时间比土体含水率为 3%时的渗流时间高 280%，远超最低抗渗要求。此外，土体含水率为 9%时的渗流时间比土体含水率为 6%时的渗流时间低 18.8%，可见土体含水率达到一定值后，进一步增加土体含水率反而会降低改良效果。在本试验所采用的级配曲线砂土中，土体含水率为 6%可较好地保障土体泡沫改良效果。

　　试验中各土体含水率下滤液密度时程曲线如图 5.14 所示。图中，土体含水率低于 3%时的滤液密度高于 1g/cm³，可见此时土体内泡沫含量很低，土体中细颗粒随渗流水流出。试验进行到 150s 时，土体含水率为 3%的滤液密度为 0.98g/cm³，而 6%和 9%土体含水率下的滤液密度分别为 0.91g/cm³ 和 0.89g/cm³，3%土体含水率下的滤液密度比二者高约 10%，可见含水率为 3%时的土体内部虽然存在一定量的泡沫，但泡沫含量远低于土体含水率为 6%和 9%。在 0～300s 土体含水率为 9%时的滤液密度低于土体含水率为 6%时的滤液密度，但在 300s 后反超，可见 9%土体含水率下气泡初始赋存量较高，但在渗流作用下气泡随渗流液流出，因此后期滤液密度较高，即后期土体渗透性较差。

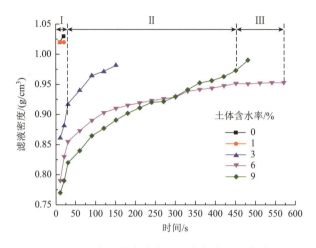

图 5.14　各土体含水率下滤液密度时程曲线

综上可见，土体含水率为 6%时可获得最佳改良效果。在为砂土选择可获得最佳泡沫改良效果的土体含水率时，应在低含水率造成的气泡破裂和高含水率造成的气泡流失之间权衡，以获得最佳平衡点。

5.2.5　泡沫气液比的影响

泡沫渣土改良中发泡系统的气液比，即气体与液体的体积或流速之比，是影响气泡稳定性从而影响改良效果的重要因素。在泡沫气液比过低时，渣土改良所需发泡剂原液过多，难以控制施工成本。在泡沫气液比过高时，液膜内表面活性剂成分过低，导致气泡稳定性下降。此外，泡沫气液比的高低还会直接影响同体积气泡中的液相含量，从而影响改良效果。

1. 各泡沫气液比下气泡形态

使用泡沫观测系统观测泡沫气液比分别为 8、10、12、14、16、18 下的气泡状态，观测时为尽可能地保证其余影响参数的一致性，将发泡剂流速统一设置为 2000mL/min。观测试验中的典型泡沫气液比下气泡分布状态如图 5.15 所示。由图可见，泡沫气液比为 8 时的气泡粒径明显大于泡沫气液比为 18 时的气泡粒径。显然，泡沫气液比的大小将直接引起发泡枪内气液混合程度的变化，进而引起气泡粒径的改变。

(a) 泡沫气液比为8时的气泡分布状态

(b) 泡沫气液比为18时的气泡分布状态

图 5.15　典型泡沫气液比下气泡分布状态

为进一步研究泡沫气液比对气泡粒径的影响，将 0.02mm、0.07mm、0.15mm、0.25mm、0.35mm、0.45mm、0.55mm 设定为气泡的控制粒径，并绘制如图 5.16 所示的气泡粒径级配曲线。

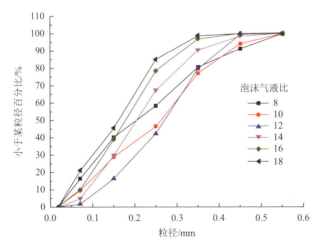

图 5.16　各泡沫气液比下泡沫级配曲线

由图 5.16 可见，使用本节方法配制的气泡粒径在 0.02～0.55mm，随着泡沫气液比的增大，泡沫粒径整体不断减小，显然泡沫气液比对泡沫平均粒径等粒径级配关键参数有显著的影响。因此,由图 5.16 中的泡沫级配曲线反推各泡沫气液比下的粒径 d_{10}、d_{50}、d_{60},并计算各泡沫气液比下泡沫的不均匀系数 C_u,汇总于表 5.2。

表 5.2　各级配土体粒径参数

泡沫气液比	d_{10}/mm	d_{50}/mm	d_{60}/mm	C_u
8	0.050	0.203	0.257	5.14
10	0.069	0.262	0.292	4.23
12	0.114	0.271	0.299	2.62
14	0.085	0.203	0.231	2.72
16	0.067	0.177	0.203	3.03
18	0.043	0.159	0.186	4.33

　　为便于观察和分析,将各泡沫气液比下泡沫级配曲线的不均匀系数绘制为图 5.17。由图可见,气液比为 8～18 时泡沫的不均匀系数几乎都在 5 以下,若土体不均匀系数按相同标准衡量,则泡沫气液比为 8～18 时的气泡均属于匀粒泡。此外,泡沫的不均匀系数随泡沫气液比的增大呈现先降低后升高的趋势,其中泡沫气液比为 12 时的不均匀系数最小,仅为 2.5。可见,泡沫气液比为 12 时发泡系统获得的气泡几乎都处于相同粒径范围,而泡沫气液比为 8 和 18 时,获得的气泡粒径分布较为丰富。

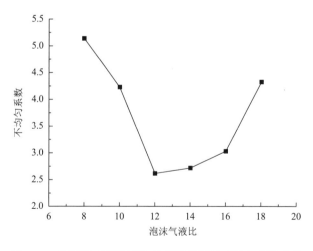

图 5.17　各泡沫气液比下泡沫级配曲线的不均匀系数曲线

2. 各泡沫气液比下渗透试验

为研究不同泡沫气液比下泡沫的渣土改良效果,进行不同泡沫气液比条件下的土体渗透试验。试验中除了注入泡沫的气液比改变，其余关键参数均不变，分别设置为：土体含水率为 6%，发泡剂浓度为 3%，泡沫注入率为 40%。试验所得到的各泡沫气液比下滤液体积达 2000mL 用时曲线如图 5.18 所示。

由图 5.18 可见，在气液比变化时，渗流所用时间的变化趋势为：随着气液比的升高先下降后上升，并在气液比为 14 时达到最小值。其整体变化趋势与不均匀系数随气液比的变化相似。可见，泡沫级配确实会影响其对土体渗透性的改良效果。

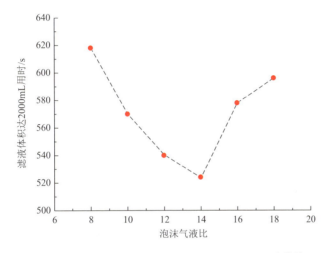

图 5.18　各泡沫气液比下滤液体积达 2000mL 用时曲线

为更直观地展示泡沫级配与改良土体渗透性之间的关系，将各泡沫气液比下的渗流用时和不均匀系数合并为图 5.19。

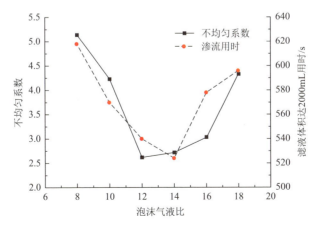

图 5.19　各泡沫气液比下渗流用时及不均匀系数曲线

由图 5.19 可见，不均匀系数与渗流用时随泡沫气液比的变化趋势相似，二者均在气液比为 12～14 时达到最小值。结合各泡沫气液比下气泡形态的研究，认为出现此现象的原因为：泡沫气液比在 12～14 时不均匀系数最小，即改良渣土中气泡粒径相似，气泡对渣土的改良作用可近似简化为图 5.20（a），相同粒径的气泡填充在土颗粒之间时，由于缺乏不同粒径气泡的配合，颗粒和气泡之间会留存大量的渗流路径。此外，在气泡相对密集的区域，由于气泡间粒径相同，气泡间的咬合作用较差，气泡易随着渗流水移动；此时，该局部在渗流作用下的表现可近似视为匀粒土的表现，工程中普遍认为匀粒土在水压作用下易出现管涌现象，因此泡沫粒径相近时，局部泡沫密集区域易出现类似管涌的现象，从而加速水体渗流，破坏土体的抗渗能力。

在泡沫气液比为 8 和 18 时，气泡粒径丰富，渣土改良作用可近似为图 5.20（b），各粒径的气泡联合作用可有效封堵土体和泡沫间的孔隙，从而达到提升土体渗透性的作用。

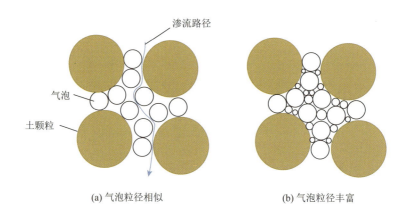

(a) 气泡粒径相似　　　　　　　　　(b) 气泡粒径丰富

图 5.20　不同气泡粒径下渗透性改良示意图

在实际工程中选择合适的泡沫气液比进行渣土改良试验时，不仅改良效果重要，改良方案的经济性同样重要。泡沫气液比较高的改良方案产生同体积的泡沫需要的发泡剂低于泡沫气液比较低的改良方案，因此具备较高的经济性。在砂土中的渣土改良需要针对抗渗需求进行，但砂土颗粒仍会不可避免地随渗流水小幅移动，此时气泡会受到砂土颗粒间的挤压作用变形，因此气泡应具备较高的强度。而获得较高强度泡沫最直接的方法就是使用较低泡沫气液比，增加泡沫中表面活性剂含量。可见，在砂土中进行渣土改良方案选择是经济性与有效性之间的权衡过程。为最大限度保障土体渗透性，同时获得较好的经济性，本书中其余试验均选择泡沫气液比为 10 进行。

5.3　基于颗粒级配的渣土改良经验公式推导

5.3.1　现有系统性泡沫渣土改良体系

1. 颗粒级配经验公式体系

自土压平衡盾构泡沫渣土改良方案出现以来，各国学者就开展了推导泡沫注入率计算公式的工作。Kusakabe 等[25]于 1999 年提出了泡沫注入率经验公式，该公式可用于计算不同级配地层中的泡沫注入率，将可获得级配组分的土体均涵盖在内，对规范化泡沫渣土改良方案制订做出了突出的贡献，泡沫注入率经验公式如下：

$$\text{FIR} = \frac{\alpha}{2}[(60 - 4X_0^{0.8}) + (80 - 3.3Y_0^{0.8}) + (90 - 2.7Z_0^{0.8})] \tag{5.2}$$

式中，X_0 为粒径小于 0.074mm 的颗粒百分比，当 $60 - 4X_0^{0.8} < 0$ 时，取 $60 - 4X_0^{0.8} = 0$；Y_0 为粒径小于 0.25mm 的颗粒百分比，当 $80 - 3.3Y_0^{0.8} < 0$ 时，取 $80 - 3.3Y_0^{0.8} = 0$；Z_0 为粒径小于 2mm 的颗粒百分比，当 $90 - 2.7Z_0^{0.8} < 0$ 时，取 $90 - 2.7Z_0^{0.8} = 0$；α 为由土体不均匀系数 C_u 确定的校正参数，当 $C_u \geqslant 15$ 时，$\alpha = 1.0$，当 $4 \leqslant C_u < 15$ 时，$\alpha = 1.2$，当 $C_u < 4$ 时，$\alpha = 1.6$。此外，当 FIR $< 20\%$ 时，取 FIR $= 20\%$。

对于 5.1.2 节土体 1，上述参数分别为 $X_0 = 8$，$Y_0 = 16$，$Z_0 = 74$，$C_u = 8.89$。代入式（5.2）计算可得 FIR $= 56.45\%$，与试验所得 6%土层含水率下的推荐值 40%相差很大。

由前述试验结论可知，泡沫注入率在达到 40%后土体抗渗能力变化不大，与式（5.2）的结论相悖，因此验证两种推荐值的可靠性应引入另一判别指标。工程实际中，抗渗能力不足易导致土压平衡盾构喷涌，喷涌发生时土体流动速度过快，土舱内部难以建立压力。土体的流塑性可较好地衡量发生此现象的可能性，流塑性适中的土体可在保障土体顺畅排出的同时保持掌子面压力稳定，流塑性较差的土体虽可保障掌子面压力，但易出现由渣土滞排导致的堵塞和结泥饼现象，流塑性过高的土体则不利于建立土舱压力。使用坍落度试验可直观迅速地测试土体流塑性，因此本节首先进行坍落度试验，以初步探究两个推荐值的合理性。

含水率为 6%时的土体坍落度如图 5.21（a）所示，相同含水率下泡沫注入率为 56%时的土体坍落度如图 5.21（b）所示。当泡沫注入率为 56%时，土体坍落度为 24.5cm，显然此时土体流塑性过高，虽然其抗渗能力优异，但在盾构掘进过程中难以满足掌子面保压需求。因此，Kusakabe 提出的泡沫注入率经验公式是存在不足的，应通过试验对其进行修正。

(a) 含水率为6%时的土体坍落度　　　　　(b) 泡沫注入率为56%时的土体坍落度

图 5.21　坍落度试验结果

2. 颗粒级配曲线体系

国内外学者在针对原状土体的渗透性研究中提出，土体的孔隙率和颗粒级配是影响土体抗渗能力的重要因素。泡沫渣土改良的目的是向渣土中引入气相，使渣土成为气-液-固三相混合物，由于此特殊性，使用颗粒级配衡量土体性质比孔隙率更合适。

国外学者在进行改良渣土渗透性能的研究时考虑了颗粒级配的因素，其中 Kang 等[26]提出了不同地层级配下土压平衡盾构渣土改良应着重解决的问题，作者将地层条件分为：①适合敞开式盾构施工的地层；②应针对土体黏附问题进行渣土改良的地层；③适宜掘进的低渣土改良需求地层；④应针对较大的土体摩擦系数、较高的渗透性进行渣土改良的地层；⑤不宜使用土压平衡盾构的地层。

2011 年，Budach[21]进一步完善了砂卵石地层中 Langmaack 体系的渣土改良推荐图谱，具体提出了：①仅使用气泡的地层；②需要加用膨润土和高分子聚合物的地层；③需要采用各种渣土改良方式且无法承受水压的地层。

颗粒级配曲线体系将可绘制颗粒级配曲线的土体全部涵盖在内，极大扩展了系统性泡沫渣土改良的研究范围。该体系认为，砂卵石地层中难以使用渣土改良获得较好的改良效果，但随着渣土改良技术的不断提升和盾构施工技术的不断发展，砂卵石地层中使用渣土改良的案例不断增多，因此颗粒级配曲线体系中的分界线是过于保守的。此外，颗粒级配曲线体系仅定性提出了各种级配土体的粗略定性渣土改良方案，即某种级配曲线下是否应该进行渣土改良，需要使用何种改良材料进行渣土改良。

3. 堵塞图表体系

堵塞图表体系由 Thewes[27-30]提出并不断完善，该体系基于塑液限提出了各类土体中盾构掘进时的堵塞、黏附和结泥饼的概率，如图 5.22 所示。该体系充分考虑了土体含水率对渣土改良方案制订的影响，在泥饼防治方面意义重大。

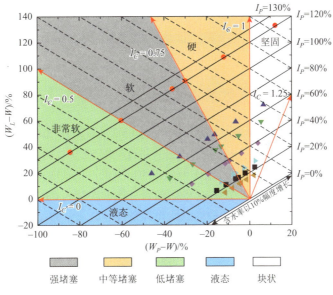

图 5.22　基于塑液限的堵塞概率图

由于砂卵石地层中无法使用塑液限衡量土体性质，堵塞图表体系仅适用于黏性土体。此外，该体系只是定性提出了土体堵塞概率，并未针对性地提出定量渣土改良方案，因此对工程应用的指导作用有限。

以上三种体系的适用范围及优缺点总结为表 5.3。

表 5.3　系统性渣土改良体系评价

体系	适用土体	是否提供定量改良建议	可解决问题及优点	缺点
颗粒级配经验公式体系	砂土和其他可提供级配曲线的土体	是	可解决渗透等砂性土体掘进中遇到的问题；适用范围广，具有扩展至黏性土体的潜力，可定量提出泡沫渣土改良建议值	未考虑土体含水率的影响；对于淤泥土、低风化程度泥岩等较难提供级配曲线的土体，建议值计算难度较大
颗粒级配曲线体系	砂土和其他可提供级配曲线的土体	否	可解决渗透等砂性土体掘进中遇到的问题；适用范围广，具有扩展至黏性土体的潜力，可定量提出泡沫渣土改良建议值，但无定量建议值	未考虑土体含水率的影响；对于淤泥土、低风化程度泥岩等较难提供级配曲线的土体，建议值计算难度较大，且无定量建议值
堵塞图表体系	黏性土等可提供塑液限的土体	否	可解决黏附等黏性土体掘进中遇到的问题；充分考虑土体含水率	无法应用于砂卵石土体，也无法给出定量渣土改良建议值

由表 5.3 可知，颗粒级配经验公式体系和颗粒级配曲线体系适用范围较广，具有进一步扩展并适用于工程中绝大部分土体的潜力。其中，颗粒级配经验公式

体系更易定量提出泡沫渣土改良的注入率。堵塞图表体系虽然在黏性土体中表现良好，但对于砂卵石土体并无参考价值。因此，本章剩余部分致力于修正颗粒级配经验公式体系。

5.3.2 泡沫改良经验公式体系的级配修正

Kusakabe 等[25]提出的泡沫注入率经验公式（5.2）虽具有一定不足，但仍被广泛应用，因此本节对颗粒级配的研究基于该公式进行。式(5.2)中，将粒径小于 0.074mm、0.25mm 以及 2mm 的砂土颗粒占比作为公式的自变量，该做法重复计算了细颗粒土体。因此，本节将粒径小于 0.074mm 的颗粒百分比、粒径为 0.074～0.25mm 的颗粒百分比、粒径为 0.25～2mm 的颗粒百分比作为新推导公式中的 X、Y、Z 参数。

在研究过程中，分别使用五种土体进行土体抗渗试验。除了颗粒级配变化，其他主要试验参数为：泡沫注入率为 40%，泡沫气液比为 10，压差为 0.1bar，土体初始含水率为 6%。五种土体滤液体积达 2000mL 用时柱状图如图 5.23 所示。

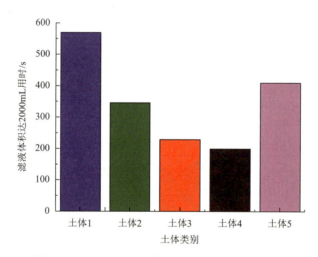

图 5.23 五种土体滤液体积达 2000mL 用时柱状图

五种土体关键粒径颗粒百分比如表 5.4 所示。

表 5.4 五种土体关键粒径颗粒百分比

土体	X：粒径小于 0.074mm 的颗粒百分比/%	Y：粒径为 0.074～0.25mm 的颗粒百分比/%	Z：粒径为 0.25～2mm 的颗粒百分比/%
1	8	8	58
2	3	18	29
3	0.5	11.5	34

续表

土体	X: 粒径小于 0.074mm 的颗粒百分比/%	Y: 粒径为 0.074~0.25mm 的颗粒百分比/%	Z: 粒径为 0.25~2mm 的颗粒百分比/%
4	0.5	4.5	63
5	4.5	8.3	60.8

为说明各粒径范围内颗粒对土体渗透性的影响，将表 5.4 中的 X、Y、Z 分别作为横轴，将五种土体的渗流时间（滤液体积达 2000mL 用时）作为纵轴，绘制了图 5.24～图 5.26。

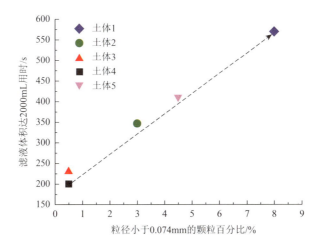

图 5.24　粒径小于 0.074mm 的颗粒百分比与渗流时间的关系

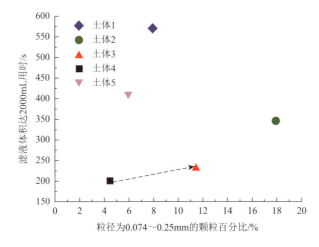

图 5.25　粒径为 0.074~0.25mm 的颗粒百分比与渗流时间的关系

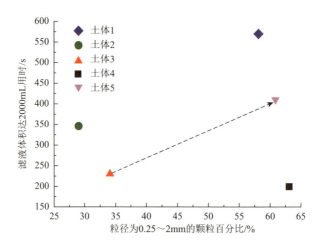

图 5.26　粒径为 0.25～2mm 的颗粒百分比与渗流时间的关系

由图 5.24 可见，粒径小于 0.074mm 的颗粒百分比与渗流时间关系密切，两者之间接近正比关系，土体 1 中粒径小于 0.074mm 的颗粒百分比为土体 4 的 16 倍，渗流时间则增长 185%，可见此粒径范围内颗粒含量增多将直接引起渗流时间增长；对于此粒径范围内颗粒含量相同的土体 3 和土体 4，虽然二者其余粒径级配不同，但土体渗流时间非常接近。由此可见，土体中影响渗透性最主要的因素为粒径小于 0.074mm 的颗粒。

由图 5.25 可见，虽然土体 3 和土体 4 中粒径小于 0.074mm 的颗粒百分比相同，但土体 3 中粒径为 0.074～0.25mm 的颗粒百分比为土体 4 的 2.56 倍，渗流时间仅增长 15%；此外，对于粒径小于 0.074mm 的颗粒含量最多的土体 1，虽然其粒径为 0.074～0.25mm 的颗粒百分比仅为土体 2 的 44%，但其渗流时间为土体 2 的 1.64 倍。可见，粒径小于 0.074mm 的颗粒对土体渗透性的影响大于粒径为 0.074～0.25mm 的颗粒。

由图 5.26 可见，土体 3 和土体 5 粒径小于 0.25mm 的颗粒百分比分别为 12% 和 12.8%，含量非常接近，但土体 5 中粒径为 0.25～2mm 的颗粒百分比为土体 3 的 1.79 倍，渗流时间也显著增长；对于土体 4 和土体 5，粒径为 0.25～2mm 的颗粒百分比基本相同，但由于土体 4 在其余两个粒径范围内颗粒含量均显著低于土体 5，其渗流时间仅为土体 5 的 48.8%；此外，土体 1 由于粒径小于 0.074mm 的颗粒含量最多，渗流时间仍最高。由此可见，粒径为 0.25～2mm 的颗粒对土体渗透性的影响比粒径小于 0.074mm 的颗粒要小。

通过对图 5.24～图 5.26 分析，获得了各粒径级配颗粒含量对土体渗透性的影响程度，基于此，为进一步验证 Kusakabe[25] 提出的泡沫注入率经验公式（式（5.2））的精确性，通过渗透试验粗略获得了五种土体的推荐泡沫注入率。将五种土体的关键参数、试验所得推荐泡沫注入率、式（5.2）计算所得推荐泡沫注入率汇总于表 5.5。应注意的是，表 5.5 中，X_0、Y_0、Z_0 分别代表粒径小于 0.074mm、粒径小于 0.25mm、粒径小于 0.2mm 的颗粒含量。

表 5.5　式（5.2）和试验推荐泡沫注入率对比表

土体	X_0	Y_0	Z_0	C_u	试验推荐泡沫注入率/%	式（5.2）推荐泡沫注入率/%
1	8	16	74	31	40	56.45
2	3	21	50	21.05	50	60.47
3	0.5	12	46	21.73	30	72.93
4	0.5	5	68	2.60	30	109.43
5	4.5	12.8	73.6	8.61	50	64.32

将表 5.5 中的试验所得推荐泡沫注入率和式（5.2）计算所得推荐泡沫注入率分别作为横轴和纵轴绘制图 5.27。图中，虚线为理想状态下数据点位置，即式（5.2）计算所得推荐泡沫注入率与试验所得推荐泡沫注入率相同。可见，式（5.2）精度较差，最大偏差达到 80%，最小偏差也高达 10%。此外，式（5.2）计算所得推荐泡沫注入率偏高，认为出现此现象的原因为：式（5.2）提出的年代久远，当时发泡剂性能较差，需要注入大量泡沫才可达到较好的改良状态。此外，土体 3 和土体 4 的偏差明显大于其余三种土体，可见，对于粒径小于 0.074mm 的颗粒含量低于 1% 的土体，式（5.2）的计算精度更差。

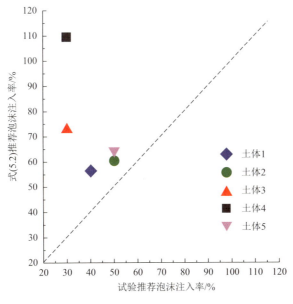

图 5.27　五种土体的式（5.2）推荐泡沫注入率和试验推荐泡沫注入率对比图

综上所述，结合前述试验经验和结论，Kusakabe 提出的式（5.2）存在以下优势：

（1）考虑了多种粒径颗粒对泡沫注入率的影响。将粒径 0.074mm、0.25mm 及 2mm 作为主要参数，从而考虑细颗粒的作用；引入基于不均匀系数 C_u 的参数 α，从而考虑包括 d_{10}、d_{60} 的粗颗粒作用。

（2）得到各粒径颗粒对泡沫注入率的影响。粒径为 0.074mm、0.25mm、2mm 颗粒的不均匀系数依次减小，通过不均匀系数的差异体现影响的大小，与本节试验结果吻合。

（3）将式（5.2）分为三个相加部分，各部分中的变量均为被减量，通过控制各相加部分为正，可避免各部分中某项变量过大（某区间颗粒过多）而导致的公式失准。

但式（5.2）仍存在一定的不足，具体如下：

（1）对粒径小于 0.074mm 的细颗粒影响反映不足。试验中各种现象表明，细颗粒含量是决定土体抗渗能力的重要因素，原公式中的系数不足以反映细颗粒的影响。

（2）设置变量 X_0、Y_0、Z_0 时将其分别取为粒径小于 0.074mm 的颗粒百分比、粒径小于 0.25mm 的颗粒百分比以及粒径小于 2mm 的颗粒百分比。变量 Y_0 中包含变量 X_0，变量 Z_0 中包含变量 Y_0 和变量 X_0，因此变量存在"嵌套"现象。

针对上述缺陷，经试算后，将修正后的泡沫注入率经验公式表述如下：

$$\text{FIR} = \frac{\alpha}{2}[(60-10X^{0.8}) + (60-3.3Y^{0.8}) + (60-1.7Z^{0.8})] \quad （5.3）$$

式中，X 为粒径小于 0.074mm 的颗粒百分比，当 $60-10X^{0.8}<0$ 时，取 $60-10X^{0.8}=0$；Y 为粒径为 0.074～0.25mm 的颗粒百分比，当 $60-3.3Y^{0.8}<0$ 时，取 $60-3.3Y^{0.8}=0$；Z 为粒径为 0.25～2mm 的颗粒百分比，当 $60-1.7Z^{0.8}<0$ 时，取 $60-1.7Z^{0.8}=0$；α 为由土体不均匀系数 C_u 确定的校正参数，当 $C_u \geq 15$ 时，$\alpha=1.0$，当 $4 \leq C_u < 15$ 时，$\alpha=1.2$，当 $C_u<4$ 时，$\alpha=1.6$。此外，当 FIR<20%时，取 FIR = 20%。

使用式（5.3）计算所得的推荐泡沫注入率和通过渗透试验所得的推荐泡沫注入率如表 5.6 所示。

表 5.6　式（5.3）和试验推荐泡沫注入率对比表

土体	X	Y	Z	C_u	试验推荐泡沫注入率/%	式（5.3）推荐泡沫注入率/%	试验与式（5.3）推荐泡沫注入率比值
1	8	8	58	31	40	39.62	1.01
2	3	18	29	21.05	50	48.73	1.03

土体	X	Y	Z	C_u	试验推荐泡沫注入率/%	式（5.3）推荐泡沫注入率/%	试验与式（5.3）推荐泡沫注入率比值
3	0.5	11.5	34	21.73	30	61.21	0.49
4	0.5	4.5	63	2.60	30	58.25	0.52
5	4.5	8.3	60.8	8.61	50	49.98	1.00

由表 5.6 可见，土体 1、土体 2 以及土体 5 的式（5.3）计算所得的推荐泡沫注入率精度很高，但土体 3 和土体 4 试验所得的推荐泡沫注入率仅为式（5.3）计算所得的推荐泡沫注入率的 49% 和 52%。结合前述试验经验，认为出现这种现象的原因为粒径小于 0.074mm 的颗粒百分比过低，土体内部没有可与气泡充分结合的细颗粒；在高泡沫注入率下，在渗流过程中气泡周边没有较小的土颗粒起到固定作用，在水压作用下，气泡在较大的土颗粒周边绕行通过形成渗流通道，渗流通道中大量气泡的存在扩大了土颗粒与土颗粒的间隙，使得渗透性能不升反降。反映在式（5.3）中，对于粒径小于 0.074mm 的颗粒百分比低于 1%的砂卵石土体，式（5.3）必须引入校正参数以保证其准确性。由表 5.6 可见，在试验中，砂卵石校正参数取为 0.5 时，试验所得的推荐泡沫注入率与式（5.3）计算所得的推荐泡沫注入率有较好的吻合度。

将表 5.6 中试验所得的推荐泡沫注入率和式（5.3）计算所得的推荐泡沫注入率分别作为横轴和纵轴，绘制为图 5.28。图中，校正后数据点为采用砂卵石校正参数 0.5 后的数据点。

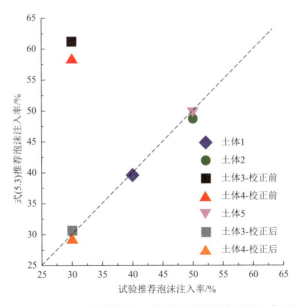

图 5.28　式（5.3）推荐泡沫注入率和试验推荐泡沫注入率对比图

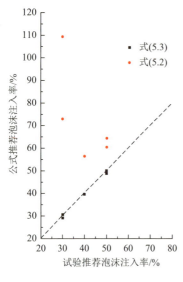

图 5.29　式（5.2）和式（5.3）
推荐泡沫注入率对比图

由图 5.28 可见，对粒径小于 0.074mm 的颗粒含量低于 1%的砂卵石土进行校正前，式（5.3）的推荐泡沫注入率与实际情况偏差较大，最大偏差超过 30%。但在加入砂卵石校正参数后，式（5.3）的吻合程度极佳，最大偏差不超过 5%，本节中采取的五种土体均处于图 5.28 所示 45°虚线左右，即式（5.3）计算所得的推荐泡沫注入率与试验所得的推荐泡沫注入率接近。由此可见，在式（5.3）中，对粒径小于 0.074mm 的颗粒含量低于 1%的砂卵石土进行修正是有必要且准确的。

图 5.29 为采用校正参数后的式（5.2）和式（5.3）计算所得的推荐泡沫注入率对比图。由图可见，使用式（5.3）计算所得的推荐泡沫注入率精度显著提高，试验数据自证该公式可行。

5.3.3　土体性质对渣土改良经验公式的影响探究

除了土体的粒径级配，土体的颗粒成分也是影响泡沫注入率的一个重要因素。相较于砂性土体，黏性土体具有一定的吸水性，黏土颗粒带有负电荷，有较好的物理吸附性和表面化学活性，发泡剂在黏性土体内的赋存环境优于砂性土体。此外，在渣土改良材料中，膨润土的使用原理就是向土体中加入细颗粒黏性成分。因此，进行针对不同颗粒成分土体的泡沫渣土改良研究是非常有必要的。为研究颗粒成分对土体渗透性的影响，基于南昌地铁 3 号线的砾砂层进行试验。试验中在同级配曲线下将砂性颗粒替换为黏性颗粒，进而研究土体内部黏性颗粒含量对土体渗透性的影响。试验中所用的土体级配曲线相同，如图 5.30 所示。

试验中采用替换粒径小于 0.5mm 的土体颗粒的方式研究颗粒成分对土体渗透性的影响。替换土体颗粒为广州地铁 21 号线 13 标的全风化花岗岩，其土体颗粒级配组成参数如表 5.7 所示。

在替换土体颗粒前，使用塑液限测定仪（图 5.31）测量全风化花岗岩土体基本参数。国家标准《岩土工程勘察规范 [2009 年版]》（GB 50021—2001）规定，塑限指数大于 10 为黏性土体，本节中使用的全风化花岗岩即属于黏性土体。

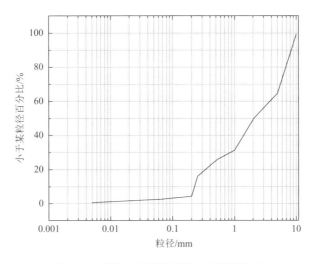

图 5.30　颗粒成分研究所用土体级配曲线

表 5.7　全风化花岗岩颗粒级配组成参数

粒径/mm	颗粒占比/%	粒径/mm	颗粒占比/%
>20	0	0.25~0.075	11.6
20~2	7.5	0.075~0.005	5.2
2~0.5	18.9	0.005~0.0005	25.2
0.5~0.25	14.3	≤0.0005	17.3

图 5.31　塑液限测定仪

本节使用的全风化花岗岩的塑限、液限、塑性指数、泊松比等主要参数如表 5.8 所示。

表 5.8　全风化花岗岩参数

液限 W_L/%	塑限 W_P/%	塑性指数 I_P	泊松比 μ	孔隙比 e	干密度/(g/cm³)
28.9	14.2	14.7	0.3	0.74	1.59

在颗粒成分对泡沫注入率的影响研究中，采用了相同级配曲线但颗粒成分不同的四种土体，如表 5.9 所示。

表 5.9　试验用土体

土体	特征
2	南昌砾砂层同级配砂土
6	粒径小于 0.5mm 颗粒中，50% 为细粒全风化花岗岩
7	粒径小于 0.5mm 颗粒中，100% 为细粒全风化花岗岩
8	南昌原状砾砂层

在表 5.9 中，土体 2 为使用南昌砾砂层级配曲线自行配制的砂土；土体 6 为将粒径小于 0.5mm 颗粒的 50% 替换为全风化花岗岩颗粒的土体；土体 7 中，粒径小于 0.5mm 颗粒中全风化花岗岩颗粒含量为 100%；土体 8 为取自南昌轨道交通 3 号线的砾砂土。

在本节的研究中，除了黏性颗粒含量，其他参数取值为：土体含水率为 6%，发泡剂浓度为 3%，泡沫气液比为 10（其中发泡剂流速为 200mL/min），发泡气压为 0.3MPa，泡沫注入率为 40%，作用于试样上的压差为 0.1bar。四种土体的滤液体积时程曲线如图 5.32 所示。

由图 5.32 可见，同级配情况下，颗粒均为砂性颗粒的土体渗流体积明显高于含黏性颗粒的土体，在试验进行到 150s 时，土体 2 的渗流量为分别土体 6、土体 7、土体 8 的 2.4 倍、3.3 倍、3.8 倍，可见土体中的黏性颗粒可有效改善泡沫渣土改良效果，大幅提高土体抗渗能力。对于含黏性颗粒的土体，在 150s 内各黏性颗粒含量土体渗流体积相近；但在 150s 后，土体 7 的渗流量激增，土体 6 的渗流量也呈加速增长趋势。出现此现象的原因为：试验前期土颗粒均在水压作用下处于重分布及压密状态，因此渗流表现接近。在 150s 后，土体 7 由于颗粒间咬合作用不足，黏性颗粒在水压作用下被迅速排出，即土样被水压击穿；土体 6 虽未被击穿，但黏性颗粒不断流失，使得土体内渗流通道不断扩大，渗流增量也因此不断增大。土体 7 由于为原状土，颗粒间作用密切互相支撑，可在试验过程中始终保持较好的抗渗能力。

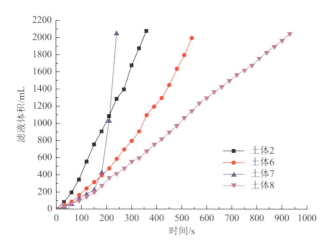

图 5.32　四种土体的滤液体积时程曲线

四种土体的滤液体积达 2000mL 用时柱状图如图 5.33 所示。

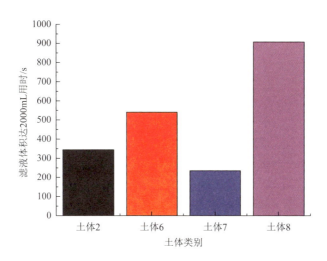

图 5.33　四种土体的滤液体积达 2000mL 用时柱状图

由图 5.33 可见，黏性颗粒含量为 50% 的土体 6 渗流用时为无黏性颗粒的土体 2 的 1.58 倍，黏性颗粒含量为 100% 的土体 7 渗流用时仅为土体 2 的 68%，原状土体 8 的渗流用时为土体 2 的 2.5 倍。在渗透初期，黏性颗粒含量越多，越有利于土体抗渗，但在长期渗流情况下，过高的黏性颗粒含量有时反而会起到适得其反的效果。此结论可进一步应用于实际工程中，使用膨润土进行渣土改良的本质是向土体中注入黏性细颗粒，从而提高土体的黏性细颗粒所占比例。上述结论表明，在砂性地层中使用膨润土进行渣土改良，可使用黏性颗粒替代的方式计算黏性颗粒含量，并尽可能地将黏性颗粒含量控制在 50% 左右；过量使用膨润土不利于长期提高土体渗透性。若必须使用大量膨润土，则应在改良过程中保持膨润土注入的持续性，否则改良效果将下降。

四种土体的滤液密度时程曲线如图 5.34 所示。

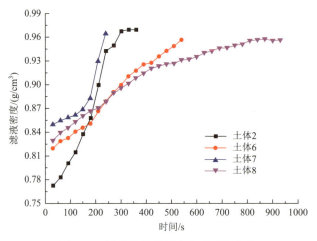

图 5.34　四种土体的滤液密度时程曲线

由图 5.34 可见，土体 2 的滤液密度在排液初始阶段显著低于其余三种土体，且在试验进行至 150s 之前均低于其余土体。出现这种现象的原因为：土体 6、土体 7、土体 8 中均含有不同比例的黏性成分，黏性成分的物理吸附作用使得土体对泡沫的吸附作用较强，反映在宏观上即泡沫不易在外力作用下流失，因此在试验初期，相较于土体 2，土体 6、土体 7 和土体 8 的滤液中泡沫含量较少，滤液密度较高。试验在进行至 150s 后，土体 2 和土体 7 滤液密度迅速增大，土体 2 出现此现象的原因为前期泡沫大量排出后土体内出现渗流通道，土体内细颗粒成分通过渗流通道被排出；土体 7 出现此现象的原因为黏性颗粒间咬合作用不足，在高水压下试样被冲破，黏性颗粒被迅速排出。

综上可见，土体成分变化对渗透能力影响很大，若要获得更精确的推荐结果，则有必要为式（5.3）引入土体性质校正参数，为获得此参数，应明确黏性土体的试验所得推荐泡沫注入率与式（5.3）计算所得推荐泡沫注入率之间的关系。

5.3.4　泡沫改良经验公式体系的验证

施工现场的复杂性使得泡沫渣土改良现场使用效果可能与实验室情况存在偏差，因此有必要通过比对国内外学者的研究成果以验证本章渣土改良经验公式的准确性。经过完善，可将本章提出的修正后的泡沫注入率经验公式表述如下：

$$\text{FIR} = \frac{\alpha}{2}\beta\gamma[(60 - 4X^{0.8}) + (60 - 3.3Y^{0.8}) + (60 - 1.7Z^{0.8})] \tag{5.4}$$

式中，X 为粒径小于 0.074mm 的颗粒百分比，当 $60 - 4X^{0.8} < 0$ 时，取 $60 - 4X^{0.8} = 0$；Y 为粒径为 0.074～0.25mm 的颗粒百分比，当 $60 - 3.3Y^{0.8} < 0$ 时，取 $60 - 3.3Y^{0.8} = 0$；Z 为粒径为 0.25～2mm 的颗粒百分比，当 $60 - 1.7Z^{0.8} < 0$ 时，取 $60 - 1.7Z^{0.8} = 0$；α 为由土体不均匀系数 C_u 确定的校正参数，当 $C_u \geqslant 15$ 时，$\alpha = 1.0$，当 $4 \leqslant C_u < 15$ 时，$\alpha = 1.2$，当 $C_u < 4$ 时，$\alpha = 1.6$；β 为砂卵石土校正参数，改良目标为砂卵石时使用，当 $X \leqslant 1$ 时，取 $\beta = 0.5$，当 $X > 1$ 时，取 $\beta = 0.1$；γ 为黏性土校正参数，改良目标为黏性土时使用，当 $X > 9.4$ 时，取 $\gamma = 1.75$，当 $X < 10$ 时，取 $\gamma = 1.0$。此外，当 FIR$<$20% 时，取 FIR = 20%。

本节中，除了前文引用的文献，还统计了其他国内外近期渣土改良方面的主要研究成果，并将关键参数统计为表 5.10。在表 5.10 中，碎石土、砂土以及黏性土的分类按国家标准《岩土工程勘察规范［2009 年版］》（GB 50021—2001）进行，式（5.2）中的参数与表中参数有以下关系：$X_0 = X$，$Y_0 = X + Y$，$Z_0 = X + Y + Z$。

表 5.10　国内外近期渣土改良部分研究成果

作者	土体	C_u	X	Y	Z	试验推荐泡沫注入率/%	式（5.2）推荐泡沫注入率/%	式（5.4）推荐泡沫注入率/%	土体分类
彭磊等[31]	北京地铁 16 号线圆砾土	19	0.2	0.8	44	40	84.3	34.7	碎石土
董金玉等[32]	成都地铁 7 号线砂卵石	56	0.6	5	34	30	79.6	33.1	
姜厚停等[33]	北京地铁 10 号线 2 期卵石	50	3	3	9	30	91.5	34.5	
本书作者	砂土（土体 1）	9	8	8	58	40	63.6	39.6	砂土
本书作者	砂土（土体 2）	18	3	18	29	50	38.5	48.7	
本书作者	砂土（土体 3）	18	0.5	11.5	34	30	37.5	29.7	
本书作者	砂土（土体 4）	3	0.5	4.5	63	30	36.5	27.1	
本书作者	砂土（土体 5）	8	4.5	8.3	60.8	50	64.3	49.9	
王海波等[34]	湘江河砂	15	1	12	38	30	68.9	28.7	
闫鑫等[35]	北京怀柔区粗砂	6	17	13	50	20～60	39.6	44.3	
乔国刚等[36]	北京砂土	4	15	47	35	20	20	24.6	
Vinai 等[37]	砂土	4	3.7	22.1	72.2	40	50.4	36.4	
Borio 等[22]	河砂	4	3	20	73	60	71.9	53.6	
刘彤等[38]	南昌地铁砂性地层	16	1	9	36	10（膨润土）	73.7	30.2	
钟小春等[23]	广州地铁 21 号线砾砂层	18	13	6	48	20（膨润土）	42.6	33.8	

续表

作者	土体	C_u	X	Y	Z	试验推荐泡沫注入率/%	式（5.2）推荐泡沫注入率/%	式（5.4）推荐泡沫注入率/%	土体分类
叶新宇等[39]	南昌地铁1号线中风化泥质粉砂岩	50	8	9	22	35	62	44	
本书作者	南昌地铁3线中风化泥质粉砂岩	23	5	5	20	60	76.8	56.6	
周庆国[40]	成都地铁10号线风化复合岩层	13	1	3	18	40	112.8	43.5	黏性土
Kim等[41]	风化花岗岩	45	14	22	45	22～67	25.2	39.5	
汪辉武[42]	广州地铁21号线全风化花岗岩	>15	48	12	33	60	20	60	
贺斯进[43]	西安地铁2号线黄土	3	24	41	35	20～40	20	42	

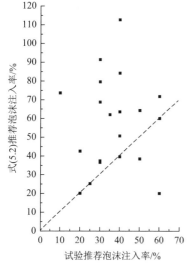

图 5.35　式（5.2）推荐泡沫注入率与试验推荐泡沫注入率对比

应注意的是，表 5.10 的部分研究成果中未提供试验土体的详细颗粒级配表，因此在部分学者的研究成果中，土体关键级配的百分比是由文献提供的颗粒级配曲线中读取出来的。读取过程中存在影印、曲线拟合以及人为因素，因此表格中的数据可能存在微小偏差。

为更加直观地表现表5.10中的数据在式（5.2）中的精度，将表中试验所得的推荐泡沫注入率作为横轴，将式（5.2）计算所得的推荐泡沫注入率作为纵轴，绘制为图5.35。

由图 5.35 可见，Kusakabe 提出的式（5.2）精度很低，最大偏差高达 72.8%，仅有四组试验数据落在图中 45°虚线附近（式（5.2）计算所得的推荐泡沫注入率与试验所得的推荐泡沫注入率接近）。式（5.2）计算所得的推荐泡沫注入率大部分高于试验所得的推荐泡沫注入率，出现这种现象的原因可能为：近年来发泡剂性能不断提升，盾构掘进技术不断进步，所需泡沫注入率较 1990 年大幅降低。可见，式（5.2）存在指导当代土压平衡盾构泡沫渣土改良的潜力，但该公式仍存在显著缺陷，亟待修正。

同样，为直观地表现式（5.4）的精度，将表 5.10 中的试验得到的推荐泡沫注入率作为横轴，式（5.4）计算所得的推荐泡沫注入率作为纵轴，绘制为图5.36。

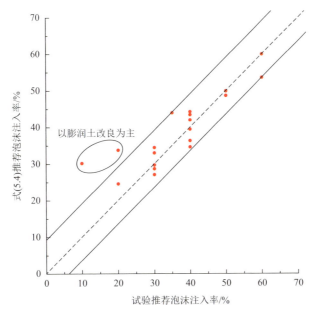

图 5.36　式（5.4）推荐泡沫注入率与试验推荐泡沫注入率对比

图 5.36 中，刘彤等[38]及钟小春等[23]在研究中以膨润土改良为主，泡沫渣土改良为辅，因此试验所得的推荐泡沫注入率显著低于式（5.4）计算所得的推荐泡沫注入率。将上述两个数据点剔除后，本章提出的泡沫注入率经验公式精度很高，大部分数据点分布在 45°虚线左右，最大偏差小于 10%。由此可见，使用本章提出的泡沫注入率经验公式可以很好地指导施工中泡沫渣土改良。但应注意的是，若在实际使用过程中使用了发泡剂以外的渣土改良材料，则泡沫注入率应酌情降低，具体调整应以现场应用效果为准。

为更加直观地对比式（5.2）和式（5.4）的计算结果，将试验所得的推荐泡沫注入率作为横轴，公式计算所得的推荐泡沫注入率作为纵轴，绘制为图 5.37。由图可见，本章提出的式（5.4）计算精度显著高于式（5.2），计算结果与实际应用结果非常接近，因此可认为使用式（5.4）计算各类土体中的泡沫注入率是可行且精确的。

类似地，为更加便于表述公式精度，将式（5.2）和式（5.4）计算所得的推荐泡沫注入率与试验所得的推荐泡沫注入率的比值绘制为图 5.38。

由图 5.38 可见，对表 5.10 中 21 组试验数据分析表明，在碎石土、砂土和部分黏性土中，本章提出的泡沫渣土改良经验公式具有较高的精度，去除以膨润土为主的数据点，公式偏差在 10%以内，大部分数据点偏差在 5%以内。

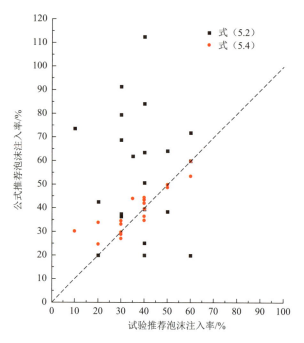

图 5.37　式（5.2）和式（5.4）计算结果对比

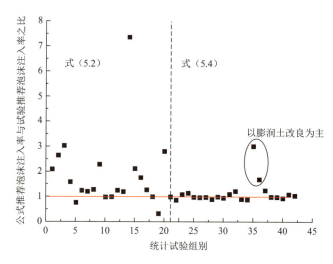

图 5.38　公式推荐泡沫注入率和试验推荐泡沫注入率比值

参 考 文 献

[1]　杨永强. 土压平衡盾构土仓压力设定与控制方法探讨[J]. 施工技术, 2012, 41(8): 22-26, 39.

[2]　任强. 北京地铁盾构施工风险评价与控制技术研究[D]. 武汉: 中国地质大学, 2010.

[3] 贺少辉, 张淑朝, 李承辉, 等. 砂卵石地层高水压条件下盾构掘进喷涌控制研究[J]. 岩土工程学报, 2017, 39(9): 1583-1590.

[4] 朱自鹏. 砂卵石地层高水压条件下土压平衡盾构防喷涌研究[D]. 北京: 北京交通大学, 2016.

[5] 何川, 晏启祥. 加泥式土压平衡盾构机在成都砂卵石地层中应用的几个关键性问题[J]. 隧道建设, 2007, 27(6): 4-6, 29.

[6] 魏康林. 土压平衡式盾构施工中喷涌问题的发生机理及其防治措施研究[D]. 常州: 河海大学, 2003.

[7] 张淑朝. 兰州地铁低含砂率强渗透性砂卵石降低土压平衡盾构扭矩及防喷涌研究[D]. 北京: 北京交通大学, 2018.

[8] 李兴高, 袁大军, 杨全亮. 盾构施工典型故障诊断初步研究[J]. 岩土力学, 2009, 30(S2): 377-381.

[9] 张旭东. 土压平衡盾构穿越富水砂层施工技术探讨[J]. 岩土工程学报, 2009, 31(9): 1445-1449.

[10] 竺维彬, 鞠世健, 张弥, 等. 广州地铁二号线旧盾构穿越珠江的工程难题及对策[J]. 土木工程学报, 2004, 37(1): 56-60.

[11] 谭光宗. 大断面海底隧道建设的安全风险评估与控制对策[D]. 北京: 北京交通大学, 2014.

[12] 游鹏飞. 地铁隧道施工风险机理研究[D]. 成都: 西南交通大学, 2013.

[13] 王怀志. 富水砂层土压平衡盾构施工关键技术研究[D]. 广州: 华南理工大学, 2012.

[14] 张文萃. 土压平衡式盾构穿越含砂土层渣土改良试验研究[D]. 西安: 西安建筑科技大学, 2013.

[15] 邱龑, 杨新安, 唐卓华, 等. 富水砂层土压平衡盾构施工渣土改良试验[J]. 同济大学学报(自然科学版), 2015, 43(11): 1703-1708.

[16] 唐卓华, 徐前卫, 杨新安, 等. 富水砂层盾构掘进碴土改良技术[J]. 现代隧道技术, 2016, 53(1): 153-158.

[17] Bezuijen A. Foam used during EPB tunnelling in saturated sand, parameters determining foam consumption[C]. Wold Tunnel Congress 2012, Bangkok, 2012: 267-269.

[18] Peila D. Soil conditioning for EPB shield tunnelling[J]. KSCE Journal of Civil Engineering, 2014, 18(3), 831-836.

[19] Rowe P W, Barden L. A new consolidation cell[J]. Géotechnique, 1966, 16(2): 162-170.

[20] 陈中天. 基于渗透性试验的土压平衡盾构泡沫渣土改良研究[D]. 成都: 西南交通大学, 2019.

[21] Budach C. Untersuchungen Zum Erweiterten Einsatz Von Erddruckschilden in Grobknigem Lockergestein[M]. Bochum: Bochum University Press, 2012.

[22] Borio L, Peila D. Study of the permeability of foam conditioned soils with laboratory tests[J]. American Journal of Environmental Sciences, 2010, 6(4), 365-370.

[23] 钟小春, 朱超, 槐荣国, 等. 高渗透地层土压盾构渣土改良试验研究[J]. 河南科学, 2017, 35(3): 425-431.

[24] 燕永利. 泡沫、乳状液的稳定化及其应用[M]. 济南: 化学工业出版社, 2013.

[25] Kusakabe O, Nomoto T, Imamura S. Geotechnical criteria for selecting mechanized tunnel system and DMM for tunnelling[C]. Fourteeth Infernational Conference on Soil, Hamburg, 1999: 2439-2440.

[26] Kang C, Yi Y L, Bayat A. Performance evaluation of TBM clogging potential for plain and conditioning soil using a newly developed laboratory apparatus[J]. International Journal of Geotechnical Engineering, 2020, 14(5): 463-472.

[27] Thewes M. Adhäsion von tonböden beim tunnelvortrieb mit flüssigkeitsschilden[J]. Geotechnik, 2003, 26(4): 253-261.

[28] Thewes M, Burger W. Clogging risks for TBM drives in clay[J]. Tunnels & Tunnelling International, 2004, 36(6): 28-31.

[29] Thewes M, Erdem Y. Clogging of TBM drives in clay: Identification and mitigation of risks[C]. International World Tunnel Congress, Istanbul, 2005: 737-742.

[30]　Thewes M, Hollmann F. Assessment of clay soils and clay-rich rock for clogging of TBMs[J]. Tunnelling & Underground Space Technology Incorporating Trenchless Technology Research, 2016, 57: 122-128.

[31]　彭磊, 何文敏, 畅亚文, 等. 土压平衡盾构施工中泡沫改良砾砂土的试验研究[J]. 隧道建设, 2017, 37(5): 571-577.

[32]　董金玉, 王闯, 周建军, 等. 泡沫改良砂卵石土的试验研究[J]. 岩土力学, 2018, 39(S1): 140-148.

[33]　姜厚停, 龚秋明, 杜修力. 卵石地层土压平衡盾构施工土体改良试验研究[J]. 岩土工程学报, 2013, 35(2): 284-292.

[34]　王海波, 王树英, 胡钦鑫, 等. 盾构砂性渣土-泡沫混合物渗透性影响因素研究[J]. 隧道建设(中英文), 2018, 38(5): 833-838.

[35]　闫鑫, 龚秋明, 姜厚停. 土压平衡盾构施工中泡沫改良砂土的试验研究[J]. 地下空间与工程学报, 2010, 6(3): 449-453.

[36]　乔国刚, 陶龙光, 刘波, 等. 泡沫改良富水砂层工程性质的试验研究[J]. 现代隧道技术, 2009, 46(6): 79-84.

[37]　Vinai R, Oggeri C, Peila D. Soil conditioning of sand for EPB applications: A laboratory research[J]. Tunnelling and Underground Space Technology, 2008, 23(3): 308-317.

[38]　刘彤, 陈立生, 姚青. 砂性地层土压平衡盾构渣土改良试验研究[J]. 隧道建设, 2017, 37(8): 1018-1025.

[39]　叶新宇, 王树英, 阳军生, 等. 泥质粉砂岩地层土压平衡盾构渣土改良技术[J]. 铁道科学与工程学报, 2017, 14(9): 1925-1933.

[40]　周庆国. 土压平衡盾构在复合地层中渣土性质试验与改良技术研究[J]. 隧道建设(中英文), 2018, 38(4): 656-666.

[41]　Kim T H, Kim B K, Lee K H, et al. Soil conditioning of weathered granite soil used for EPB shield TBM: A laboratory scale study[J]. KSCE Journal of Civil Engineering, 2019, 23: 1829-1839.

[42]　汪辉武. 全风化花岗岩土压平衡盾构泡沫渣土改良技术试验研究[D]. 成都: 西南交通大学, 2018.

[43]　贺斯进. 黄土盾构隧道膨润土泥浆渣土改良技术研究[J]. 隧道建设, 2012, 32(4): 448-453.

第6章　刀具表面土壤黏附机理及拉拔试验

土壤黏附是黏湿土对触土固体表面产生附着的现象，盾构隧道开挖时常出现的结泥饼问题主要就是由刀具掘削下的土壤黏附在盾构机械金属表面并经过挤压固结所导致的。泥饼会堆积在刀具周围，使刀具的贯入度降低从而产生偏磨，甚至堵塞刀盘开口，严重影响盾构的掘进效率，甚至会带来施工安全问题。本章主要通过文献调研、理论分析、室内试验、案例分析等方法，研究土壤与盾构机械的界面黏附机理和不同因素的影响规律，分析土体黏附的形成原因，最终形成土体与金属界面黏附的评价体系。结合阻塞风险预测图与拉拔试验黏附结果，对施工中刀盘结泥饼风险进行综合判断与分析，以期为实际工程中盾构刀盘阻塞与结泥饼问题提供理论基础及参考依据。

6.1　水膜理论介绍

在固相、液相、气相三相的界面处会有表面张力的存在[1]，液相与固相表面的接触如图 6.1（a）所示，图中液相与气相间的张力为 γ_{LG}，液相与固相间的张力为 γ_{SL}，固相和气相间的张力为 γ_{SG}，在三相交界点上固-液界面与液-气界面切线间的夹角为 θ，该夹角称为接触角。接触角与固相表面的亲水性有关，接触角越小，固相表面亲水性越强，当接触角大于 90°时称为不湿润。由于表面张力的存在，在土壤与金属接触的界面上，水会形成弯月面，如图 6.1（b）所示，即水膜的形成，θ_1 和 θ_2 分别为土颗粒与水膜、金属与水膜的接触角。

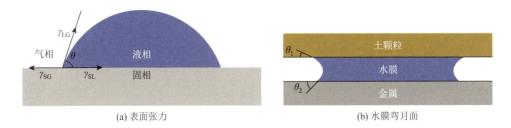

(a) 表面张力　　　　　　　　　　　　　　(b) 水膜弯月面

图 6.1　表面张力和水膜

Baver 等[2]认为，土壤黏附力是由松束缚水形成的水膜介质产生的。Fountaine[3] 提出的水膜理论（water film theory）也称为水分张力理论，是目前关于土壤黏附机理的学说中引用较多的。土体中，无论是土体颗粒间孔隙中土壤水形成的水环或水膜，还是土体颗粒表面和固体材料表面与土壤水形成的水环或水膜，事实上，水环或水膜表面大都不是平面，而是曲面，如图 6.1（b）所示。这表明液面两边均具有压力差，这是由土体颗粒、固体材料和土壤水的表面张力相互作用所导致的。水环或水膜两侧的压力差，实质上也是分子间作用力的宏观表现，不仅与土壤水表面张力有关，还与水膜的具体形状有关。

Fountaine 在试验研究的基础上，假设土壤在固体表面的黏附有两种情况，即不连续水环和连续水膜两种接触状态。接触状态为不连续水环时，土体比较干燥，土体粒度较粗，每个土颗粒或团聚体都有尖角，它们靠不连续的水环黏附在外物表面。接触状态为连续水膜时，多是土体含水量较高的情况，土体颗粒间充满土壤水，土颗粒与土体表面间存在连续水膜，水膜将二者紧密联系在一起。本章从土体颗粒与金属表面间的水环和水膜接触出发，分析和验证土体与金属界面间的黏附机理。图 6.2 展示了六种不同的土壤黏附界面接触状态。

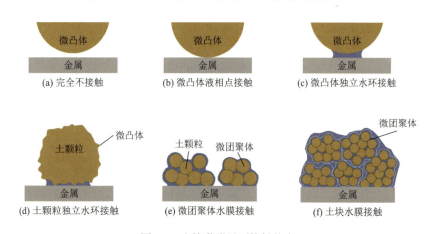

图 6.2　土壤黏附界面接触状态

6.2　试　验　方　法

6.2.1　试验装置

目前，已经有诸多确定土体与金属之间法向黏附力的活塞拉拔试验[4-9]，已有的活塞拉拔试验研究考虑的影响因素与试验土样较少，且均未在高温和高压条件下进行活塞拉拔试验。针对试验存在的不足，本节设计了一个尺寸更小、操作更简单的活塞拉拔试验装置来评价土体与金属界面间的黏附力，进而验证多个因素对黏附力的影响机理，如图 6.3 所示。试验主要应用的原理是通过压力传感器测量金属从土体表面拉起时产生的黏附力。该试验装置主要包括电机、顶部平台、支架、固定部件、压力传感器、传感器放大器、压锤、土盒以及底座等部件。土盒的内径为 60mm，高度为 15mm，压锤的直径为 30mm，压锤与土体接触面的表面粗糙度为 10μm。

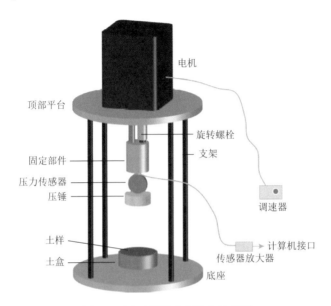

图 6.3　界面黏附试验设备示意图

6.2.2　试验材料

根据盾构掘进过程中较为常见的地层，试验选取了五种土体，包括蒙脱石、高岭土、伊利土、钠基膨润土以及取自广州地铁某盾构区间地层的全风化花岗岩。为了明确全风化花岗岩的矿物成分，对该土样进行了 X 射线衍射（X-ray diffraction，XRD）测试及矿物成分分析，分析结果如表 6.1 所示。

表 6.1　全风化花岗岩矿物成分比例

矿物	绿泥石	伊利石	高岭石	蒙脱石	伊蒙混层
占比/%	4	11	85	0	0

6.2.3　试验流程

基于现有的研究资料，试验的压力条件均设置为 50kPa 以下[10-13]，而在实际盾构掘进过程中，刀盘开挖面的压力可达 100kPa，甚至是几百千帕。因此，本节试验将压力设置为 10kPa 和 100kPa 两种基础工况，在研究压力的影响时，最大压力设定为 1MPa。试验中基本加压时间设定为 1min，金属压锤上升速度为 5mm/min。针对不同土样取不同的含水率区间，基本覆盖从塑限至液限的范围。

在土样制备完成后即可正式开始试验，将土样压实填满土盒，并开始记录压力数据；使金属压锤向下移动，直至达到设定的压力开始计时，在设定的压力下保持一定的时间；使金属压锤以设定的速度向上移动，直至压锤及黏附土体完全脱离土盒中的土样表面，当传感器输出的压力数据不再变化时停止记录压力数据。每组试验重复 3 次，取 3 次试验的平均值作为试验结果。试验完成后从土盒中取出两份 10g 以上土样分别放置于土盒中，通过对比烘干前后的土样质量来测量其含水率，对两次试验结果取平均值。

6.3　测试结果及机理分析

试验过程中采集的数据为压力传感器输出的压力大小，正值为受压，负值为受拉，输出的压力与金属压锤面积的比值为接触面的压强。以含水率为 65% 的高岭土在 100kPa 压力下加压 1min 后以 5mm/min 的速度进行拉拔试验得到的数据为例进行说明，试验结果如图 6.4 所示。图中，在阶段 I，压锤还未与土样表面接触，接触压力为 0；在 A 点处压锤与土样表面开始产生接触，接触压力开始增加；当压力增加到设定值 B 点时，在阶段 II 保持设定的压力一段时间；从 C 点开始，压锤开始以设定的速度向上运动，接触压力开始减小；在 D 点，接触压力变为 0，然后变为负值，即有黏附力产生；在 E 点，黏附力达到最大值；压锤继续向上运动，在 F 点压锤完全与土样表面脱离。

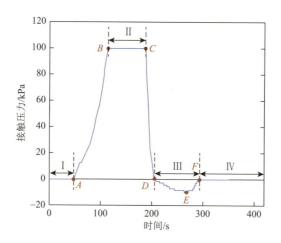

图 6.4　黏附力试验结果

　　E 点的接触压力即该土样在特定工况下的最大黏附力，也是土样从金属表面脱离所需要的最小拉力，E 点也可以称为脱黏点，本章将 E 点的接触压力作为特定工况下的黏附力。从压锤表面出现黏附力到压锤与土样表面脱离的时间（图 6.4 中的阶段Ⅲ），即接触压力为负值的时间，称为脱黏时间。

　　由于研究的重点是黏附力和黏附时间，限于篇幅，试验过程数据不再展示，下面只针对试验结果进行分析。

6.3.1　土样含水率的影响

　　含水率直接影响土样的稠度状态[14-20]，不同土样的性质不同，因此土样黏附力最大时的含水率也不同。针对不同土样，在不同含水率下进行试验。

1. 高岭土

　　针对高岭土在 10kPa 和 100kPa 接触压力条件下分别取 6 组、7 组不同含水率土样进行界面黏附试验，试验结果如图 6.5 所示。可以看到，在两种压力条件下，黏附力随含水率的变化均呈两边低、中间高的趋势，即土样含水率在接近塑限 W_P 和液限 W_L 时黏附力较低，在中间含水率时黏附力较高，但两种压力条件下的黏附力峰值处含水率有所不同。在 10kPa 压力下，黏附力在土样含水率约为 59% 时达到峰值；在 100kPa 压力下，黏附力在土样含水率约 67% 时达到峰值。值得注意的是，在 100kPa 压力下的黏附力大约为 10kPa 压力下的黏附力的 10 倍，接触压力对黏附力大小影响显著。

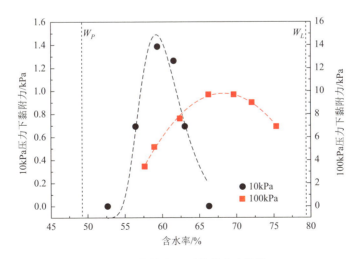

图 6.5　高岭土界面黏附试验结果

　　不同含水率下土样的黏附时间是不同的，这个时间长度主要与土壤的状态、压锤在土样中的下陷深度等参数有关[21-23]。在两种接触压力下高岭土的黏附时间随含水率的变化曲线如图6.6所示。可以看到，黏附时间随高岭土含水率的增加呈增加趋势，试验结果用一次方程拟合程度较高。另外，在多数情况下低接触压力的黏附时间明显小于高接触压力的黏附时间，同时低接触压力下黏附时间随含水率增长较慢。在100kPa接触压力条件下，黏附时间从4s逐渐增加到100s左右，增长了24倍。

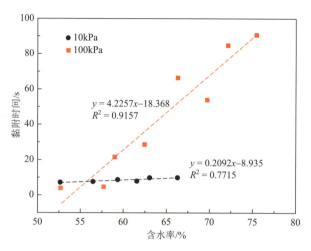

图6.6　高岭土的黏附时间随含水率的变化曲线

R^2代表回归直线对观测值的拟合程度

　　在含水率较小时，高岭土呈干燥松散状态，土样无法被揉捏成团，土壤的流塑性较差，在压锤的作用下无法产生较大的形变，压锤的下陷深度较小，因此在压锤拔起时基本没有可恢复的变形量，同时由于在低含水率情况下表面基本没有黏附土样，在拔起过程中金属表面与土样平面之间不会有土壤，因此黏附时间很短。随着含水率增大，高岭土的流塑性增加，在受力后易发生变形，因此在压锤拔起时会有部分变形恢复，同时黏附力出现了一定的增长导致金属表面出现黏附土，拔起时在两个界面之间会有土壤，因此随着含水率的增加黏附时间不断增加。

　　高岭土在两种压力条件下测试后压锤表面黏附情况如图6.7所示。可以看到，在含水率较小的情况下，压锤表面无土壤黏附，但表面会有水分析出，如图6.7（c）所示。当含水率较大时，压锤表面会出现土壤黏附，且压力越大，黏附的土样越多。同时可以看到，在100kPa压力下，黏附土样较多，土样主要黏附在压锤中间，边缘的黏附量较少，在试验时可以观察到这种情况下黏附的土样较难清除，如图6.7（d）所示。

(a) 含水率为59.35%，　　(b) 含水率为61.6%，　　(c) 含水率为57.7%，　　(d) 含水率为62.4%，
　　压力为10kPa　　　　　　压力为10kPa　　　　　　压力为100kPa　　　　　压力为100kPa

图 6.7　高岭土黏附试验压锤表面黏附情况

2. 钠基膨润土

针对钠基膨润土在 10kPa 和 100kPa 接触压力条件下分别取 6 组、7 组不同含水率土样进行界面黏附试验，试验结果如图 6.8 所示。可以看到，压力大小对黏附力的影响显著，含水率接近的土样在两种压力条件下黏附力相差 1～2 倍。在 10kPa 接触压力条件下，钠基膨润土黏附力为 2～11kPa，黏附力大小随含水率的增加呈先增大后减小的趋势，在含水率为 34%左右时黏附力达到最大值。在 100kPa 接触压力条件下，黏附力范围为 19～34kPa，黏附力基本呈单向增长趋势，在含水率小于 40%时增长较慢，在含水率为 40%～50%时黏附力增长较快，在含水率大于 50%后基本不再增长。

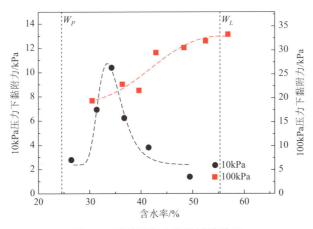

图 6.8　钠基膨润土黏附试验结果

在两种接触压力下钠基膨润土的黏附时间随含水率的变化曲线如图 6.9 所示。可以看到，随着含水率的增大黏附时间呈上升趋势。黏附时间的变化范围较大，在 100kPa 接触压力下，黏附时间从 5s 增加到 50s 左右；在 10kPa 接触压力下，黏附时间从 1s 增加至 20s 左右。试验表明，接触压力越大，黏附时间越长，同时黏附时间增长的速度越快。

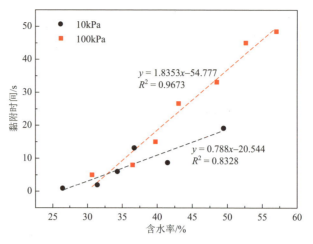

图 6.9　钠基膨润土的黏附时间随含水率的变化曲线

　　钠基膨润土在两种压力条件下测试后压锤表面黏附情况如图 6.10 所示。可以看到，在含水率约为 30% 的情况下压锤表面无土壤黏附，当含水率较大时，压锤表面会有土壤黏附。在 10kPa 接触压力条件下，含水率在接近 35% 时压锤表面出现少量黏附土样，但当含水率约为 40% 时，压锤表面基本没有黏附土样，但表面出现较多的水分，主要集中在压锤的中部。在 100kPa 接触压力下，当含水率约为 30% 时表面开始出现黏附土，随着含水率的增大，黏附的土量也增多，基本覆盖了整个压锤表面。在压锤表面有土壤黏附的情况中，当土样含水率不超过 40% 时黏附较为牢固，含水率较大时虽然黏附的土壤较多，但都易于清除。

(a) 含水率为31.4%，　(b) 含水率为34.3%，　(c) 含水率为41.5%，　(d) 含水率为30.6%，　(e) 含水率为43%，
　　压力为10kPa　　　　压力为10kPa　　　　压力为10kPa　　　　压力为100kPa　　　压力为100kPa

图 6.10　钠基膨润土黏附试验压锤表面黏附情况

3. 蒙脱石

　　针对蒙脱石在 10kPa 和 100kPa 接触压力条件下各取 7 组不同含水率土样进行界面黏附试验，试验结果如图 6.11 所示。可以看到，在两种接触压力下蒙脱石土样的黏附力呈现不同的变化趋势，同时较大压力下的黏附力基本大于较小压力下的黏附力。试验所取含水率主要位于土样的液限 W_L 和塑限 W_P 之间，10kPa 接触

压力条件下黏附力大致呈两边低中间高的趋势,在含水率约为 103%时黏附力达到峰值,黏附力最大值约为 4.5kPa。在 100kPa 接触压力条件下,黏附力随含水率的增加呈增长趋势,在含水率低于 140%时黏附力增加较慢,在含水率为 140%～160%时黏附力快速增长,含水率大于 160%后黏附力基本不再增长,黏附力从 0 增大至 40kPa,100kPa 下的黏附力远大于 10kPa 下的黏附力。

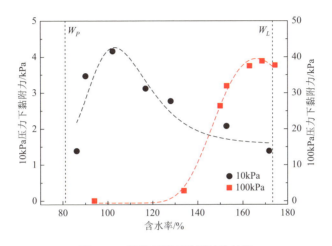

图 6.11　蒙脱石界面黏附试验结果

在两种接触压力下蒙脱石的黏附时间随含水率的变化曲线如图 6.12 所示。可以看到,在两种接触压力条件下,黏附时间随含水率的增加而增加,100kPa 接触压力下的黏附时间大于 10kPa 接触压力下的黏附时间,这种差距随含水率的增大而扩大。

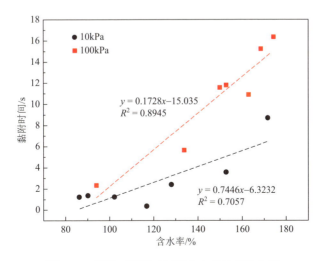

图 6.12　蒙脱石黏附时间随含水率的变化曲线

蒙脱石在两种压力条件下测试后压锤表面黏附情况如图6.13所示。可以看到，在10kPa接触压力下拉拔结束后没有土壤黏附在压锤表面，表面有明显水渍。而在100kPa接触压力下，在含水率较低时表面没有土壤黏附，在含水率超过150%时，拉拔结束后压锤表面出现土壤黏附，并且黏附较为牢固，此时的黏附较为严重；随着含水率继续增大，土壤的流塑性增强，强度变得很低，此时虽然黏附量较大，但黏附在压锤表面的土样易于清除。

(a) 含水率为116.9%，
压力为10kPa

(b) 含水率为152.8%，
压力为10kPa

(c) 含水率为133.8%，
压力为100kPa

(d) 含水率为162.9%，
压力为100kPa

图6.13　蒙脱石黏附试验压锤表面黏附情况

4. 伊利土

伊利土的性质较为特殊，在含水率较低的情况下，较难聚集成团，在含水率超过25%后，土样可以揉捏成团，在表面会形成富水层，外表较为光滑。在含水率较高的情况下，其内部仍是较为干燥的状态，且破坏后暴露的干燥表面会再次形成富水层，内部气泡会自行溢出，如图6.14所示。表面所形成的富水层黏附性较弱，用干燥的手指按压后不会有土壤残留。

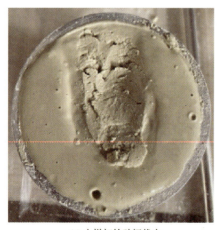 

(a) 土样初始破坏状态

(b) 土样最终恢复状态

图6.14　伊利土表面破坏后恢复情况

对于伊利土，拉拔时的黏附时间几乎为 0，因此本节不再特别说明。

由于伊利土的特殊性质，在 10kPa 和 100kPa 接触压力条件下测出的黏附力都较低，试验结果如图 6.15 所示。可以看到，在两种接触压力下共有 6 个土样的黏附力为 0，最大黏附力也未超过 1.5kPa。黏附力大致呈中间高两边低的趋势，黏附力最大值出现在含水率为 25%～28%时，介于土样塑限 W_P（22.73%）和液限 W_L（35.42%）之间。

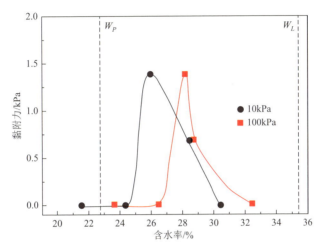

图 6.15　伊利土界面黏附试验结果

5. 全风化花岗岩

对于全风化花岗岩，在两种接触压力下共采用了 15 组含水率的土样进行黏附测试，试验结果如图 6.16 所示。可以看到，全风化花岗岩在 100kPa 接触压力下

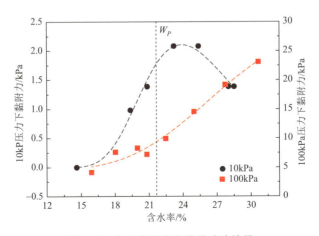

图 6.16　全风化花岗岩黏附试验结果

的黏附力为 4～23kPa，在 10kPa 接触压力下的黏附力仅为 0～2kPa，两者差距很大。在 10kPa接触压力条件下，黏附力随含水率的变化曲线基本呈两边低中间高的趋势，产生最大黏附力时的含水率约为 24%，略大于土样的塑限 W_P(21.67%)。而在 100kPa接触压力条件下，全风化花岗岩的黏附力随含水率的增大一直呈增长趋势。

结合实际工程情况，在地层含水率较低时，开挖后的渣土基本为分散的土粒，由于含水量少，黏附力很低，不易结泥饼；当土壤含水率处于塑限与液限之间时，土壤具有一定的流塑性，在受压后容易发生固结，土壤的黏附力也较强，容易发生结泥饼问题；当土壤含水率较高时，土壤的强度很小，流塑性很强，在刀盘和土舱内都很容易流动，不易发生结泥饼问题，但由于地层强度较小，会对施工扰动较为敏感，在一些渗透性较强的富水地层中，还需要添加膨润土泥浆或高分子聚合物来降低土壤渗透性。

在两种接触压力下全风化花岗岩的黏附时间随含水率的变化曲线如图 6.17 所示。可以看到，黏附时间随含水率的增加不断上升，100kPa 接触压力条件下的黏附时间大于 10kPa 接触压力条件下的黏附时间。同时还可以看到，黏附时间线性拟合程度较好，即黏附时间随含水率的增加呈线性增长，10kPa 和 100kPa 接触压力下的黏附时间增长速度相差不大。

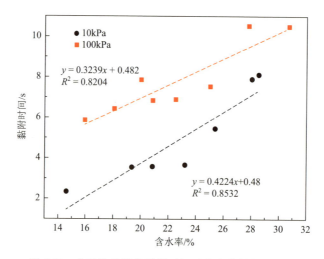

图 6.17　全风化花岗岩黏附时间随含水率的变化曲线

全风化花岗岩在两种压力条件下测试后压锤表面黏附情况如图 6.18 所示。10kPa 接触压力条件下试验结束后压锤表面只有少量水分析出，在含水率较高时，压锤表面有少量分布不均匀黏附的土壤。在 100kPa 接触压力条件下，即使在较低的含水率下压锤表面有少量的黏附土，在含水率增大后，金属表面黏附的土样增加，但不同于其他几种土样，全风化花岗岩的黏附较为分散。

| (a) 含水率为19.4%，
压力为10kPa | (b) 含水率为23.2%，
压力为10kPa | (c) 含水率为20%，
压力为100kPa | (d) 含水率为27.8%，
压力为100kPa |

图 6.18　全风化花岗岩黏附试验压锤表面黏附情况

6.3.2　压力大小的影响

为了探究压力大小对黏附力的影响，使用含水率约为 132.5%的蒙脱石土样和含水率约为 67.5%的高岭土土样，采用 10～120kPa 的压力对土样进行加压，加压时间均为 1min，拉拔速度均设置为 5mm/min，得到的试验结果如图 6.19 所示。

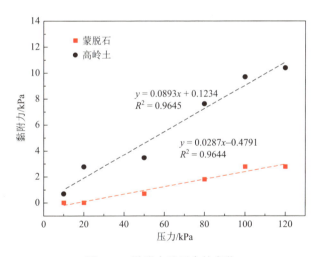

图 6.19　黏附力随压力的变化

由图 6.19 可以看到，高岭土和蒙脱石的黏附力随压力变化的趋势相似，随着压力增大，黏附力基本呈线性增大，采用一次方程进行拟合程度较高。高岭土的黏附力随压力的增加增速较大，约为蒙脱石的 3 倍，即不同土壤的黏附力对压力的敏感程度不同。可以看到，对于高岭土，当压力从 40kPa 增加到 80kPa 时，黏附力也增长了一倍，说明压力对黏附力有很大的影响。

在相同的加压时间和拉拔速度条件下，随着压力的增大，含水率较低的土样由于压力作用，界面处的水分会分布得更为均匀，接触面处的孔隙会减少，土样与金属表面的接触面积会增大，接触水环或水膜的面积会增加；同时，压力增大会减小土颗粒和金属表面之间的距离，会增大两者吸引力的强度，进而使土壤与金属界面黏附力增大。另外，在压力的作用下土壤与金属界面易形成较薄的水膜，由第 2 章的分析可知，水膜越薄，黏附力越大，因此随着压力的增大，黏附力逐渐增大。

6.3.3　加压时间的影响

加压时间是指从施加至设定压力时到开始拉拔的时间长度。为了研究加压时间对黏附力大小的影响，试验通过设置不同的加压时间（0～300s），针对含水率约为 132.5%的蒙脱石土样和含水率约为 67.5%的高岭土土样，得到不同加压时间下黏附力的大小。试验的压力大小均设置为 100kPa，拉拔速度均设置为 5mm/min，得到的试验结果如图 6.20 所示。

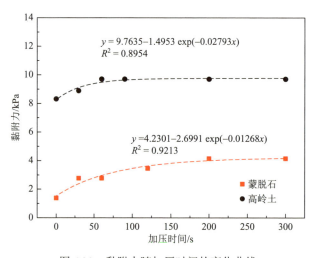

图 6.20　黏附力随加压时间的变化曲线

由图 6.20 可以看出，加压时间对黏附力大小具有一定的影响。对于高岭土，随着加压时间的增加，黏附力呈现小幅增长，加压 60s 比加压后立即拔起的黏附力增长 16.7%，但加压 60s 后黏附力基本不再增大；对于蒙脱石，黏附力在初期也随着加压时间的增加而增长，加压时间为 60s 时黏附力达到最终黏附力的 68%，但在加压时间大于 120s 后，黏附力的增长趋势放缓。加压时间对黏附力大小的影响是有限的，在开始加压时，持续的加压有利于连续水膜的形成，因此界面处的接触面积会变大，黏附力呈现增长趋势；但在加压一段时间后水膜已经形成，土壤与金属界面的接触面积和作用强度都不再增加，黏附力大小基本不变。

6.3.4　金属表面粗糙度的影响

金属的材质和表面粗糙度会影响界面黏附力的大小，对含水率约为 132.5% 的蒙脱石土样和含水率约为 67.5% 的高岭土土样，采用不同的表面粗糙度和不同金属材质的压锤进行黏附力测试。试验使用的压锤实拍图如图 6.21 所示，压锤情况如表 6.2 所示。

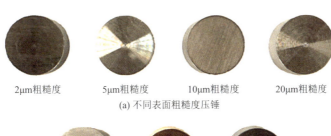

2μm粗糙度　　　5μm粗糙度　　　10μm粗糙度　　　20μm粗糙度

(a) 不同表面粗糙度压锤

铝制压锤　　　　铜制压锤　　　　镀铬压锤

(b) 不同材质压锤

图 6.21　试验使用的压锤实拍图

表 6.2　压锤情况

压锤序号	材质	表面粗糙度/μm
1	不锈钢	2
2	不锈钢	5
3	不锈钢	10
4	不锈钢	20
5	铝	10
6	铜	10
7	镀铬	10

不同金属压锤试验得到的结果如图 6.22 所示。可以看出，对于蒙脱石和高岭土，黏附力都随金属表面粗糙度有一定增长，增长幅度不大且增幅不断减小，金属表面粗糙度超过 10μm 后黏附力基本不再变化，说明粗糙度对黏附力的影响程度有限，对蒙脱石的影响比高岭土小。还可以看出，不同的金属材料对黏附力大

小具有一定的影响，采用两种不同金属材质的压锤和表面镀铬的压锤进行试验都一定程度上降低了黏附力。对黏附力的改善程度来说，镀铬压锤对黏附力的改善效果最好，铜制压锤对黏附力的改善效果最差，金属材质对黏附力的影响与金属本身的性质有关，金属表面亲水性较差的材料黏附力更小。在农业生产和工程施工中，可以通过改善金属表面形貌或进行表面处理和改性来减弱表面黏附。

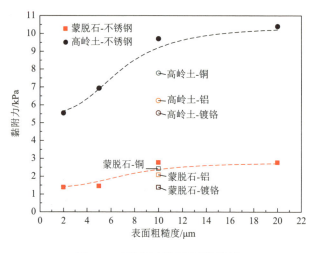

图 6.22　不同金属压锤试验结果

6.3.5　金属表面亲水特性的影响

近年来，聚四氟乙烯（poly tetra fluoroethylene，PTFE）（也称特氟龙）被广泛应用，这种材料是一种使用氟取代聚乙烯中所有氢原子的人工合成高分子材料[24, 25]，具有耐腐蚀、疏水疏油、耐高温等优良的特性，因此可以尝试在金属表面增加聚四氟乙烯涂层来减小土壤与金属的界面黏附，进而探究防止盾构刀盘结泥饼的方法。

在试验所用的不锈钢压锤表面加工聚四氟乙烯镀层，加工后的压锤如图 6.23 所示，镀层呈黑色，且表面光滑。使用聚四氟乙烯镀层的压锤进行拉拔黏附力测试试验，接触压力为 100kPa，使用含水率约为 130%的蒙脱石土样、67%的高岭土土样和 22%的全风化花岗岩土样，三种土样试验后压锤表面黏附情况如图 6.24～图 6.26 所示。

图 6.23　聚四氟乙烯镀层压锤

(a) 聚四氟乙烯镀层压锤　　　　　　　(b) 不锈钢压锤

图 6.24　高岭土土样试验后压锤表面黏附情况

(a) 聚四氟乙烯镀层压锤　　　　　　　(b) 不锈钢压锤

图 6.25　蒙脱石土样试验后压锤表面黏附情况

(a) 聚四氟乙烯镀层压锤　　　　　　　(b) 不锈钢压锤

图 6.26　全风化花岗岩土样试验后压锤表面黏附情况

由试验后聚四氟乙烯镀层压锤和不锈钢压锤的对比可以看出，聚四氟乙烯镀层可以在一定程度上减小金属表面的黏附力。对于高岭土，压锤表面有大量的土壤黏附，经聚四氟乙烯镀层处理的压锤表面黏附土壤有所减少，通过对试验后的压锤进行称重可以发现，表面黏附土样的质量由 3.2g 减小为 2.5g，减小了 21.9%。对于蒙脱石和全风化花岗岩，不锈钢压锤表面有一定的土壤黏附，经聚四氟乙烯处理后的压锤表面黏附土壤明显减少。由试验结果可以看出，聚四氟乙烯镀层可以有效减少金属表面黏附土壤。

聚四氟乙烯镀层压锤和 10μm 表面粗糙度不锈钢压锤的黏附试验结果对比如图 6.27 所示。可以看到，对于三种用于试验的土样，聚四氟乙烯镀层均能减小土壤与压锤表面的黏附力。高岭土和全风化花岗岩的黏附力均减小了 50%以上，蒙脱石的黏附力减小了约 75%。聚四氟乙烯具有疏水的特性，减小了金属表面与界面水膜的表面张力，进而有效减小了土壤与金属界面之间的黏附力，使金属表面的黏附力减小。

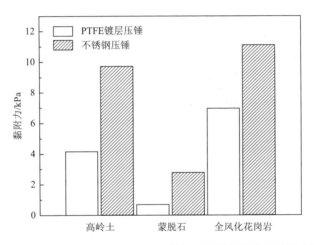

图 6.27　聚四氟乙烯镀层压锤和不锈钢压锤的黏附试验结果对比

聚四氟乙烯及其复合材料已经尝试在机械和农业领域使用，但仍然存在一定不足，虽然这种材料具有较为突出的性能，但这种涂层通常容易剥落且耐磨性能较差。对盾构机的刀盘和刀具进行表面镀层处理，由于地层对刀具有很强的磨损，不仅需要材料具有较小的黏附性以减少结泥饼现象，还需要表面镀层材料具有很好的耐磨性以保证其耐用性。目前，相关的技术还不够成熟，表面疏水材料在减少盾构机械黏附方面的应用还很少，但已经有学者对超疏水材料的耐磨性进行了研究，日后可将该技术应用于盾构机械领域来解决刀盘结泥饼问题。

6.3.6　金属表面几何结构的影响

金属表面几何形态对其与土壤接触面处的应力分布有很大的影响，可以决定接触面的几何形态和土壤的黏附情况。通常，与土壤接触的表面形状越接近土体形状，土壤越容易脱附。为了探究金属表面几何形态对界面黏附的影响，制作了锯齿形压锤和波浪形曲面压锤进行拉拔黏附力测试试验，两种非平面压锤的设计示意图及其实物图如图 6.28 所示。

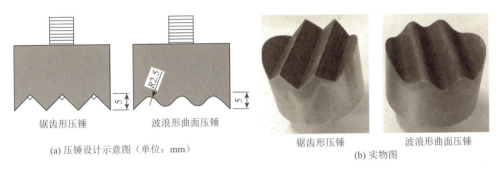

(a) 压锤设计示意图（单位：mm）　　　　　　(b) 实物图

图 6.28　两种非平面压锤设计示意图及其实物图

试验使用含水率约为 125%的蒙脱石土样，压力为 100kPa，加压时间为 1min，拉拔速度为 5mm/min，两种非平面压锤拉拔黏附力测试试验后表面黏附情况如图 6.29 所示，两种非平面压锤及平面压锤黏附力测试结果如图 6.30 所示。

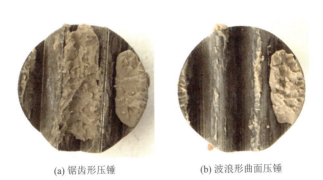

(a) 锯齿形压锤　　　　　　(b) 波浪形曲面压锤

图 6.29　两种非平面压锤拉拔黏附力测试试验后表面黏附情况

由试验结果可以看出，对于蒙脱石土样，非平面压锤的表面黏附力大于平面压锤的表面黏附力。其中，锯齿形压锤的表面黏附力最大，约为平面压锤表面黏附力的 6.5 倍，波浪形曲面压锤的表面黏附力次之，约为平面压锤表面黏附力的 5 倍。

黏附力的增大主要是由接触面积增大和局部接触应力增大导致的。三种压锤在法向投影面积都相同，平面压锤在拉拔时与土样的接触面积为法向投影面积，但非平面压锤在与土样表面接触的过程中会使土壤产生变形，并使接触面贴合压锤的表面形状，实际接触面积会大于压锤的法向投影面积，使黏附力增大。同时，

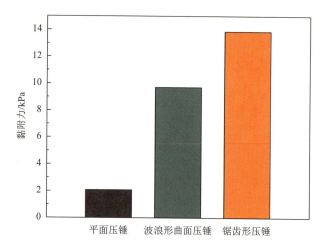

图 6.30　两种非平面压锤及平面压锤黏附力测试结果

压锤顶端存在尖角或凸起，非平面压锤在与土样表面接触时会产生应力集中，在施加相同压力的情况下，非平面压锤会有局部高应力，使黏附强度增大，从试验后压锤实拍图可以看到在压锤突起处较易出现土壤的黏附。另外，锯齿形压锤的顶端角度比波浪形曲面压锤更小，没有圆滑的过度，更易出现集中应力，同时凸起之间较小的夹角会更容易夹持黏附的土样，因此锯齿形压锤的黏附力大于波浪形曲面压锤的黏附力。

工程中，在进行盾构机刀盘设计和刀具布置时不仅需要考虑整体开挖性能，还要考虑刀盘几何形态对黏附性的影响，如刀具间距、刀盘面板凹槽等因素对黏附性的影响。

6.3.7　温度的影响

温度的大小也会对黏附力产生影响。液体的表面张力随温度的变化规律为

$$\gamma = \gamma_0 \left(1 - \frac{T}{T_0} \right)^n \tag{6.1}$$

式中，γ 为表面张力；γ_0 为取决于液体临界常数的表面张力；T_0 为临界温度；T 为环境温度；n 为常数。温度的升高会使土体内部结合水和界面水在气化膨胀的作用下挤压水分向周边逃逸，造成表面张力减小，水的表面张力减小会使水膜的张力变小，进而导致黏附力降低。

为了研究温度对土体和金属表面界面黏附力的影响，在 30～80℃的温度条件下，对含水率约为 132.5%的蒙脱石土样进行黏附试验，接触压力为 500kPa（属于

高压条件），加压时间为 1min，拉拔速度为 5mm/min，试验结果如图 6.31 所示。由试验结果可以看出，在含水率不变的情况下，随着温度从 30℃增加到 80℃，黏附力从 23.5kPa 减小到 8.4kPa，减小了 64.3%，说明温度对黏附力的影响是显著的。对试验结果进行线性拟合，一次方程拟合程度较高。

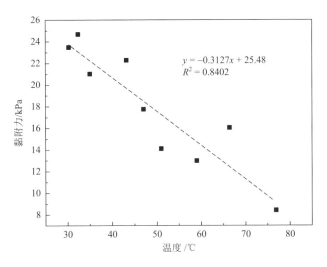

$$y = -0.3127x + 25.48$$
$$R^2 = 0.8402$$

图 6.31　蒙脱石黏附力随温度的变化

液体的表面张力会随着温度的升高而减小。基于此，环境（或金属部件）温度升高会使土体内部结合水和界面水的表面张力减小，进而导致水膜的张力减小，降低界面处的黏附力。在土体中，金属阳离子与土壤颗粒的结合在水的作用下会断开，而与土壤中水分子形成水化阳离子，这是一个自发的过程，不需要外界给予能量，属于放热反应。对于放热反应，降低温度有利于反应进行，提高温度则会抑制反应进行，甚至使反应逆转。环境温度升高（或对金属固体加热），导致金属阳离子重新与土壤颗粒结合，这就减少了土壤颗粒表面的负电中心及化学吸附数量，进而降低了黏附力。不仅如此，环境温度升高导致土体温度升高，土体中的水分子变得更加活跃，水分子的分子动能增加，在一定程度上起到了疏水的效果，进而起到了降低黏附力的效果。

试验中的最高温度为 77℃，但是在实际盾构工程中，一些极端的情况下，掌子面和土舱的局部位置会面临比试验条件更高的温度。在盾构掘进时，刀盘已经初步形成泥饼后，掘进速度会有所降低，一些工程人员会采取加大盾构机推力和土舱排土速度来提高掘进速度。但此时由于刀具表面已经被泥饼所包裹，继续掘进会使泥饼与地层发生摩擦产生较大的局部应力并产生大量的热量，进而使局部位置的温度急剧升高。在刀盘局部位置温度升高到 100℃后，水分汽化可能会形成蒸汽压力，产生烧陶固化的情况，导致刀盘泥饼更难清除，在后续的研究中会调研盾构刀盘可能达到的最高温度范围并开展相关试验。

6.4　阻塞风险判断

诸多学者通过一些评价方法对盾构阻塞风险进行预判[25, 26]，为工程决策提供参考。很多学者提出了盾构阻塞风险预测图，其中，Thewes 等[25]提出的适用于多个盾构类型的阻塞风险预测图被广泛采纳，一些学者也以该阻塞风险预测图为标准验证了试验结果[27-29]，Thewes 等提出的阻塞风险预测图如图 6.32 所示。该预测图主要是根据土样的液限、塑限、自然含水率来确定土样在图中的位置，横坐标为土样塑限 W_P 与实际含水率 W 的差值，纵坐标为土样液限 W_L 与实际含水率 W 的差值。将 10kPa 接触压力下的试验土样在图 6.32 中标注，每一个点代表一种特定含水率的土样，各类土样中较大的点代表最大黏附力点。由图可以看出，不同含水率的试验土样都位于阻塞风险区域内（部分含水率的全风化花岗岩土样除外），高岭土、伊利土、膨润土土样的最高大黏附力点均在高阻塞风险区域内，而全风化花岗岩和蒙脱石的最大黏附力点均在中阻塞风险区域内。可以看出，在 10kPa 接触压力下的试验结论与已有的阻塞风险预测的结论基本一致。基于 Thewes 等提出的阻塞风险判断标准，10kPa 接触压力条件下的黏附力测试结果与阻塞风险具有相关性，试验所得的黏附力可以作为判断阻塞风险的参考。

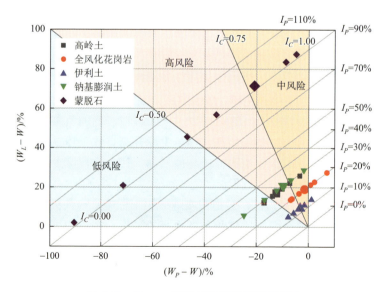

图 6.32　Thewes 等提出的阻塞风险预测图

　　Thewes 等提出的阻塞风险分级实质上是以黏稠指数 I_C 作为标准进行判断的，黏稠指数 I_C 在 0.5～0.75 为高阻塞风险，其黏附风险预测图可以反映土样的含水率、液限、塑限与阻塞风险的关系。以界面黏附力试验结果为基础，建立黏附力与阻塞风险间的关系，对于 10kPa 接触压力条件下的黏附力测试结果，以黏稠指数 I_C 为横轴，黏附力为纵轴得到黏附力与黏稠指数 I_C 的关系曲线如图 6.33 所示。

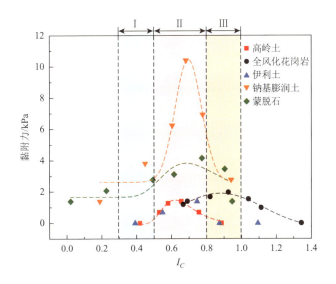

图 6.33　10kPa 接触压力下黏附力与 I_C 的关系曲线

　　由图 6.33 可以看出，在 10kPa 接触压力条件下，对于高岭土、伊利土、钠基膨润土和蒙脱石，黏附力峰值均出现在黏稠指数 I_C 为 0.5～0.8 区间（图中区域 II），而全风化花岗岩的黏附力峰值出现在黏稠指数 I_C 为 0.8～1.0 区间。根据黏附力大小，可将土样黏稠指数 I_C 划分为三个区间：I 区（$0.3 \leqslant I_C < 0.5$）土样黏附力较小，含水率较高，不易发生黏附现象，属于低黏附力区（低风险区）；II 区（$0.5 \leqslant I_C < 0.8$）土样黏附力最高，属于高黏附力区（高风险区）；III 区（$0.8 \leqslant I_C < 1.0$）黏附力较高，土样的黏稠指数 I_C 接近 1 时含水率接近土样塑限，易发生黏附，因此该区域属于中黏附力区（中风险区）。Thewes 等提出的黏附风险预测图，其高风险区范围为 $0.5 \leqslant I_C < 0.75$，中风险区范围为 $0.75 \leqslant I_C < 1$，低风险区范围为 $0.3 \leqslant I_C < 0.5$，基于黏附力和黏稠指数 I_C 提出的阻塞风险分区基本与 Thewes 等提出的阻塞风险分级标准接近。

　　但是，现有的黏附风险预测图是在较低的接触压力条件下进行预测的，并不能反映高压力条件下盾构掘进阻塞风险，高压力条件下盾构刀盘更易发生黏附，因此有必要进一步开展大量试验和统计分析，得到基于黏附力、压力与黏稠指数共同影响的阻塞风险判断标准。

在工程实践中，由于黏稠指数 I_C 不仅影响土体的黏附性，还影响土体的流塑性和强度，当塑性指数 I_P 处于较低水平时，土体流塑性很强，强度较低，工作性能较差。为保证盾构机开挖时土舱渣土的工作性能，工程中建议的土舱渣土黏稠指数 I_C 的范围为 0.4～0.75，在此范围内土体流塑性较好且具有一定的强度。另外，当黏稠指数 I_C 在 0.5～0.75 区间时盾构机有较大的阻塞风险，因此在易结泥饼的黏性地层中掘进时建议的黏稠指数 I_C 范围为 0.4～0.5。

参 考 文 献

[1]　Wen S Z, Huang P. Interface Science and Technology[M]. Beijing: Tsinghua University Press, 2011.

[2]　Baver L D, Gardner W H, Gardner W R. Soil Physics[M]. New York: John Wiley & Sons, 1956.

[3]　Fountaine E. Investigations into the mechanism of soil adhesion[J]. European Journal of Soil Science, 1954, 5(2): 251-263.

[4]　Thewes M, Budach C, Bezuijen A. Foam conditioning in EPB tunnelling[J]. Geotechnical Aspects of Underground Construction in Soft Ground, 2012, (19): 127-135.

[5]　Sass I, Burbaum U. A method for assessing adhesion of clays to tunneling machines[J]. Bulletin of Engineering Geology & the Environment, 2009, 68(1): 27-34.

[6]　Khabbazi B A, Mirjavan A, Ghafoori M, et al. Assessment of the adhesion potential of kaolinite and montmorillonite using a pull-out test device[J]. Bulletin of Engineering Geology and the Environment, 2017, 76(4): 1507-1519.

[7]　Khabbazi B A, Mirjavan A, Ghafoori M, et al. Assessment of the adhesion potential of kaolinite and montmorillonite using a pull-out test device[J]. Bulletin of Engineering Geology and the Environment, 2016, 76: 1507-1519.

[8]　Burbaum U, Sass I. Physics of adhesion of soils to solid surfaces[J]. Bulletin of Engineering Geology and the Environment, 2017, 76(3): 1097-1105.

[9]　Kang C, Wu Y, Yi Y, et al. Assessment of the clogging potential of two clays[J]. Applied Clay Science, 2019, 178: 1-7.

[10]　Li Y W. Numerical simulation of the adhesion interface system between soil and bulldozing plate[D]. Changchun: Jilin University, 2005.

[11]　Thewes M, Budach C. Soil conditioning with foam during EPB tunnelling[J]. Geomechanics and Tunnelling, 2010, 3(3): 256-267.

[12]　Feinendegen M, Ziegler M, Weh M, et al. Clogging during EPB-tunnelling: Occurrence, classification and new manipulation methods[C]. World Tunnel Congress, Helsinki, 2011: 12.

[13]　Peila D, Picchio A, Martinelli D, et al. Laboratory tests on soil conditioning of clayey soil[J]. Acta Geotechnical, 2016, 11(5): 1061-1074.

[14]　Thewes M, Burger W. Clogging risks for TBM drives in clay[J]. Tunnels & Tunnelling International, 2004, 36: 28-31.

[15]　Hollmann F S, Thewes M. Assessment method for clay clogging and disintegration of fines in mechanized tunnelling[J]. Tunnelling and Underground Space Technology, 2013, 37: 96-106.

[16]　Khabbazi B A, Ghafoori M, Tarigh A S, et al. Experimental and laboratory assessment of clogging potential based on adhesion[J]. Bulletin of Engineering Geology and the Environment, 2017, 78(1): 605-616.

[17]　Liu P F, Wang S Y, Yang J S, et al. Tangential adhesion strength between clay and steel for various soil softnesses[J]. Journal of Materials in Civil Engineering, 2019, 31(5): 04019048.

[18]　Wang S Y, Liu P F, Hu Q X, et al. Effect of dispersant on the tangential adhesion strength between clay and metal for EPB shield tunnelling[J]. Tunnelling and Underground Space Technology, 2020, 95: 103144.

[19]　Abbaspour G Y, Hasankhani G F, Shahgoli G. Investigation of the effect of soil moisture content, contact surface material and soil texture on soil friction and soil adhesion coefficients[J]. Acta Technologica Agriculturae, 2018, 21: 44-50.

[20]　Barzegari G, Tirkhooni M, Khabbazi A. Experimental assessment of clayey layers for clogging of TBM in Tabriz subway lines, Iran[J]. Tunnelling and Underground Space Technology, 2020, 105: 103560.

[21]　Soni P, Salokhe V M. Fluence of dimensions of UHMW-PE protuberances on sliding resistance and normal adhesion of bangkok clay soil to biomimetic plates[J]. Journal of Bionics Engineering, 2006, 3(2): 63-71.

[22]　Bhushan B. Adhesion and stiction: Mechanisms, measurement techniques, and methods for reduction[J]. Journal of Vacuum Science & Technology B Microelectronics & Nanometer Structures Processing Measurement & Phenomena, 2003, 21(6): 2262-2296.

[23]　Qiu C L, Zhang Q J, Yan S W, et al. Experimental study of adhesion of clay[J]. Rock and Soil Mechanics, 2017, 38(5): 1267-1272.

[24]　Wang D H, Sun Q Q, Hokkanen M J, et al. Design of robust superhydrophobic surface[J]. Nature, 2020, 582(7810): 55-59.

[25]　Thewes M, Hollmann F S. Assessment of clay soils and clay-rich rock for clogging of TBMs[J]. Tunnelling and Underground Space Technology, 2016, 57: 122-128.

[26]　Tokarz S. Evaluation of the sticking potential of clays to a tunnel boring machine cutterhead[D]. Denver: University of Colorado Denver, 2014.

[27]　Kang C, Yi Y L, Bayat A. Performance evaluation of TBM clogging potential for plain and conditioning soil using a newly developed laboratory apparatus[J]. International Journal of Geotechnical Engineering, 2018, 14(5): 1-10.

[28]　Alberto H Y, Kang C, Yi Y L, et al. Mechanical properties of clayey soil relevant for clogging potential[J]. International Journal of Geotechnical Engineering, 2017, 12: 529-536.

[29]　Oliveira D, Thewes M, Diederichs M S. Clogging and flow assessment of cohesive soils for EPB tunnelling: Proposed laboratory tests for soil characterization[J]. Tunnelling and Underground Space Technology, 2019, 94: 103110.

第7章 黏性地层盾构刀盘结泥饼试验研究

7.1 黏土与金属界面试验研究

7.1.1 黏土与金属表面切向界面力研究

从刀盘掘土的运动形态来看,施工时刀盘相对于土体的运动以切向运动为主,因此本节通过对普通直剪仪进行改进,研究压缩剪切作用下刀盘面板与土体之间的相互作用[1-6],改进试验装置如图7.1所示。

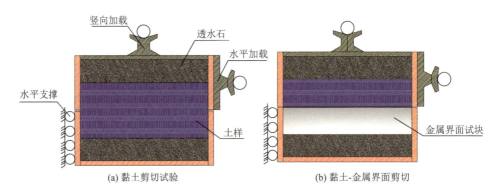

图 7.1 切向界面力试验装置

如图7.1(b)所示,试验共设计了5种金属界面试块,分别为表面粗糙度为1.6μm、15μm的铁试块,表面粗糙度大于15μm普通表面的铁试块,表面粗糙度为15μm的铜试块,以及表面粗糙度为15μm的铝试块,如图7.2所示。

(a) 铁-1.6μm   (b) 铁-15μm   (c) 铁-普通

(d) 铜-15μm　　　　　　　　　(e) 铝-15μm　　　　　　　　　(f) 试验试样

图 7.2　界面试块

试验用直剪仪为江苏南京金科科技有限公司生产的 DSJ-III 型电动四联等应变直剪仪。该直剪仪采用低速同步电机作为驱动源，振幅小于 0.002mm，最大垂直荷载为 400kPa，最大水平荷重为 1.2kN。电动剪切速率有 2.4mm/min、0.8mm/min、0.1mm/min、0.02mm/min 四档，可同时进行四个试样的试验，仪器如图 7.3 所示。

图 7.3　界面力试验仪

试验土样取自广州市轨道交通 21 号线金坑至镇龙南区间的全强风化花岗岩地层，该地层呈褐黄色，以粉黏粒为主，含较多的石英砂砾，遇水易软化崩解，透水性较弱，其粒度分布情况和物理力学指标分别如表 7.1 和 7.2 所示。需要说明的是，现场取样时，每种地层的取样数为 5 组。表 7.1 和 7.2 中的最大值、最小值和平均值代表所取土样某粒径区间所占该土样总质量的百分比。

表 7.1　全强风化花岗岩粒度分布情况

地层代号	项目	颗粒组成/mm								界限系数	
		>20	20~2	2~0.5	0.5~0.25	0.25~0.075	0.075~0.05	0.05~0.005	≤0.005	不均匀系数 C_u	曲率系数 C_c
6Z	最大值	—	33.00	33.30	41.10	27.70	63.10	28.00	29.80	540.00	135.65
	最小值	—	0.00	0.80	2.50	1.60	1.00	0.20	3.30	24.17	0.15
	平均值	—	8.10	16.66	17.82	13.06	16.05	19.46	15.19	116.65	3.06

续表

地层代号	项目	颗粒组成/mm								界限系数	
		>20	20~2	2~0.5	0.5~0.25	0.25~0.075	0.075~0.05	0.05~0.005	≤0.005	不均匀系数 C_u	曲率系数 C_c
6H	最大值	—	12.00	26.10	15.50	13.60	38.20	25.20	17.30	—	—
	最小值	—	7.40	18.90	14.30	11.60	5.20	25.20	17.30	—	—
	平均值	—	9.30	22.30	14.73	12.67	26.83	25.20	17.30	—	—
7Z	最大值	—	56.50	32.10	36.50	45.10	49.70	31.20	23.00	490.00	21.78
	最小值	—	0.00	1.30	4.90	1.20	0.50	2.60	3.00	12.22	0.04
	平均值	—	10.40	16.96	17.89	13.18	11.15	18.39	13.77	124.95	2.19
7H	最大值	—	26.60	23.80	18.50	15.50	6.40	24.10	14.90	—	—
	最小值	—	7.10	21.20	12.70	9.40	3.20	13.80	12.10	—	—
	平均值	—	14.13	22.40	14.77	12.20	4.43	18.60	13.47	—	—

表 7.2　全强风化花岗岩物理力学指标

地层代号	统计项目	土的物理性质			可塑性指标		压缩性	快剪		固快	
		含水率 W/%	湿密度 ρ/(g/cm³)	孔隙比 e	塑性指数 I_P	液性指数 I_L	压缩模量 E_s/MPa	黏聚力 c/kPa	内摩擦角 ϕ/(°)	黏聚力 c	内摩擦角 ϕ/(°)
6H	最大值	24.30	1.98	0.86	11.58	0.60	6.60	35.10	29.90	34.20	23.90
	最小值	18.10	1.80	0.61	9.70	0.29	5.40	18.60	20.90	34.20	23.90
	平均值	20.23	1.91	0.70	10.35	0.40	6.0	25.87	25.47	34.20	23.90
6Z	最大值	50.00	2.11	1.37	21.51	0.77	8.70	45.30	33.20	43.20	32.30
	最小值	15.50	1.66	0.50	8.11	0.07	4.20	13.00	8.80	17.30	18.00
	平均值	24.01	1.92	0.74	12.1	0.41	5.18	26.51	25.13	26.76	25.46
7H	最大值	20.10	2.03	0.71	11.58	0.24	5.30	42.80	25.50	52.30	26.20
	最小值	16.70	1.87	0.55	9.14	0.21	3.90	24.50	22.50	52.30	26.20
	平均值	18.50	1.93	0.65	10.50	0.23	4.67	32.50	24.00	52.30	26.20
7Z	最大值	47.60	2.09	1.48	19.82	0.74	8.60	43.20	36.00	—	—
	最小值	14.60	1.61	0.52	7.82	0.01	4.10	17.60	13.50	—	—
	平均值	22.05	1.94	0.70	11.84	0.29	5.22	27.70	25.40	—	—

注：快剪所在列代表快剪试验条件下所得黏聚力和内摩擦角；固快所在列代表固结快剪试验条件下所得黏聚力和内摩擦角。

7.1.2　含水率对黏土与金属界面作用的影响

进行界面试验时，首先将土样破碎晒干，筛选出粒径小于 0.5mm 的黏土颗粒备用。试验时，通过向干黏土中添加水配制成含水率分别为 5%、10%、15%、20%、25%、30% 的试样进行界面剪切试验。本节研究含水率对金属界面剪力的影响，试验过程中，保证金属圆盘的表面为铁-普通界面不变，剪切速率设为 2.40mm/min，排水条件为上下排水。试验测量不同含水率下界面力随竖向压力的变化，并观察剪切破坏时土体与金属界面的破坏形态，试验结果如图 7.4 所示。

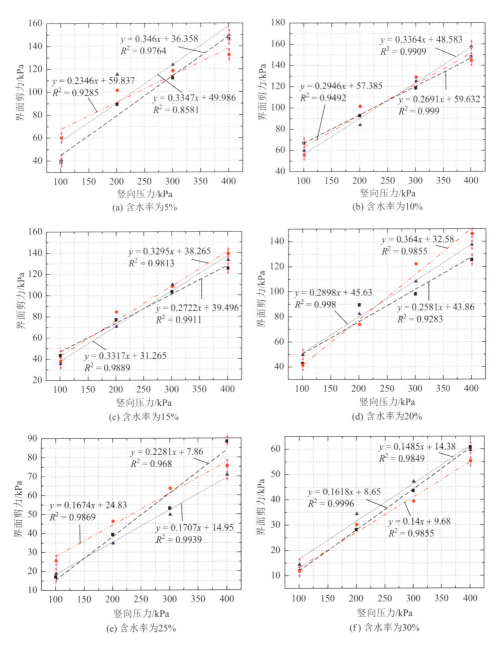

图 7.4　不同含水率下竖向压力与界面剪力的变化曲线

如图 7.4 所示，本节界面力测试对每种含水率下的黏土均进行了三组测试，以增加测试结果的准确性。由测试结果可知，黏土与金属表面的界面力与竖向压力的大小密切相关，从测试数据点的拟合结果来看，竖向压力越大，黏土与金属表面的界面力越大，界面力与竖向压力的作用效果基本呈线性关系，相关系数在0.85以上，说明线性相关性很强。

为了对比不同含水率下黏土与金属界面力的差异，参照莫尔-库仑强度准则，依据三组测试数据计算得到的黏聚力 c 和内摩擦角 ϕ 随土样含水率的变化曲线如图 7.5 和图 7.6 所示。

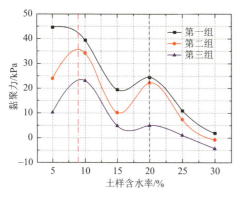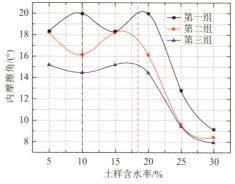

图 7.5　黏聚力随土样含水率的变化曲线　　图 7.6　内摩擦角随土样含水率的变化曲线

由图 7.5 和图 7.6 可以看出，存在一个临界含水率使得黏土与金属表面之间的黏聚力和内摩擦角最大，分别为 9% 和 18%。对于黏性土，9% 的含水率也是使得黏土压实度最大的含水率，因此可以推断压实度对黏土黏附刀盘表面具有重要的作用。由黏聚力和内摩擦角测试值随土样含水率的变化曲线可以看出，整体上黏聚力和内摩擦角随着含水率的提高呈现先增大后减小的趋势，说明低含水率有助于形成刀盘泥饼（黏聚力和内摩擦角均较大）。因此，从这个角度来看，实际盾构在施工时，通过增加泥水循环和冲洗可以一定程度上减轻刀盘结泥饼的风险。

采用上下排水固结快剪模式进行界面力测试，试验过程中发现，当试验土样含水率较高（大于塑限）时，剪切溢水现象明显；当试验土样含水率较低时，不存在明显剪切溢水现象。根据国外学者的研究成果，在进行黏附力测试时，存在一个最优含水率使得黏附作用最强。与之类似，可以推测在进行界面剪切测试时，也存在一个最优含水率使得界面剪力测试值最大。实际盾构施工中，当地层含水率低于最优含水率时，舱内泥水循环水补给地层，增加了开挖面渣土的黏附性；当地层含水率高于最优含水率时，渣土固结失水，变成可塑黏土。地层内部水循环总是向着容易结泥饼的方向发展，其含水率变化总是趋向于结泥饼的最优含水率（图 7.7 中虚线表示最优含水率），如图 7.7 所示。

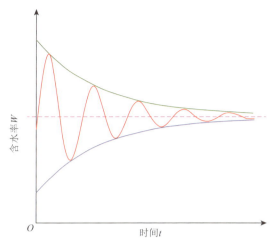

图 7.7　刀盘面板上切削渣土含水率随时间的变化曲线

　　需要说明的是，本试验在进行界面破坏形态观察时，采取直接将已经剪坏的剪切盒上盒揭起的方式，这实际上是模拟了剪-拉作用。在试验过程中发现，当含水率较低时，界面发生滑移破坏，剪切破坏界面光滑。随着含水率的提高，剪切破坏界面发生在土样内部，破坏后金属表面黏附有土样[7-13]，如图 7.8 所示。根据地

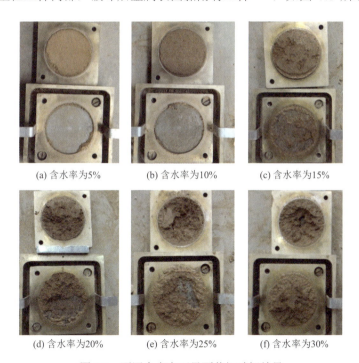

(a) 含水率为5%　　　　　(b) 含水率为10%　　　　　(c) 含水率为15%

(d) 含水率为20%　　　　　(e) 含水率为25%　　　　　(f) 含水率为30%

图 7.8　不同含水率下界面剪切破坏结果

勘报告，本次试验采用的广州地区黏土，其塑限范围为 15.9%～19.16%，液限范围为 26.6%～31.26%。可以看出，当含水率低于 15%（可认为是塑限）时，剪切破坏面位于土体与金属的接触面；当含水率大于 15% 时，剪切破坏面位为土样内部，表明地层含水率是影响盾构刀盘结泥饼的关键因素，并且从最终黏附在金属表面的土样质量来看，含水率越高，黏附量越大。

　　土样含水率为 20%，表面粗糙度为 15μm 的铜界面在不同竖向压力作用下进行剪切试验，土样的破坏情况如图 7.9 所示。这实际上是模拟了高含水率情况下不同固结度对黏土剪切黏附的影响。由图可以看出，随着竖向压力的增大，破坏面黏附土体向界面中心聚集。从破坏面质地来看，压力越大，黏土排水越充分，固结度越高。结合前述分析，盾构在掘进过程中，土舱给水和刀盘高压作用使得开挖面渣土变成一种容易压实固结的状态，为刀盘泥饼的形成提供了条件。

   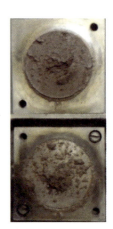

(a) 压力为100kPa　　　　(b) 压力为200kPa　　　　(c) 压力为300kPa　　　　(d) 压力为400kPa

图 7.9　竖向压力对土样破坏形态的影响

7.1.3　接触面粗糙度和材质对界面作用的影响

　　本节分别采用铁-1.6μm、铁-15μm、铁-普通金属圆盘进行界面力测试，试验结果如图 7.10～图 7.12 所示。

　　由图 7.10～图 7.12 可以看出，金属表面粗糙度对黏土与金属的黏附性能有一定的影响。总体规律是随着界面粗糙度的提高，破坏土体的黏聚力和内摩擦角都有一定程度的提升。同时可以看出，1.6μm 和 15μm 表面粗糙度的测试结果比较接近，分析原因主要是土样中颗粒小于 15μm 的成分较少，对表面粗糙度的变化不敏感。但由剪切破坏时界面的形态能够明显看出，表面粗糙度对土样破坏形态的影响很大，如图 7.13 所示。

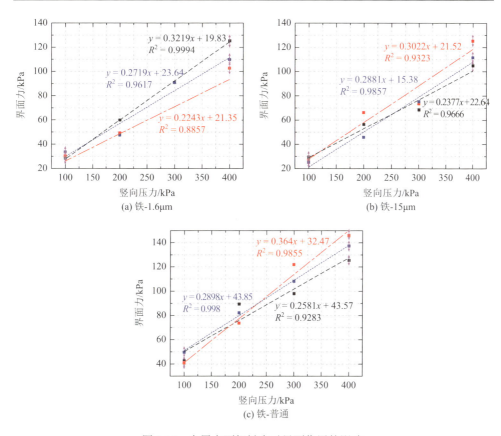

图 7.10　金属表面粗糙度对界面作用的影响

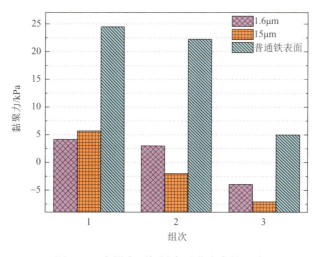

图 7.11　金属表面粗糙度对黏聚力的影响

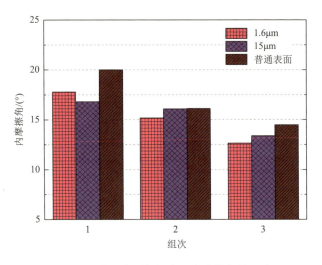

图 7.12　金属表面粗糙度对内摩擦角的影响

(a) 1.6μm　　　　　　　(b) 15μm　　　　　　　(c) 普通铁表面

图 7.13　金属表面粗糙度对土样破坏形态的影响

　　金属材质对界面力学性能的影响主要表现在静电引力方面。天然黏土表面一般带负电，在刀盘旋转开挖地层的过程中，黏土表面带的负电与金属内部电荷之间异性相吸，同时伴随着电荷转移。不同的金属化学活泼性不同，对电荷转移的贡献有很大差别，金属材质对界面力学性能的影响试验结果如图 7.14～图 7.16 所示。

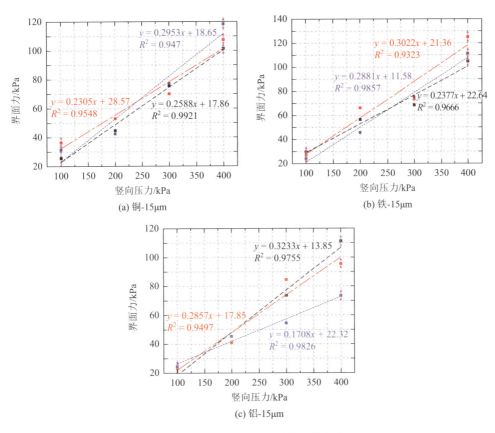

图 7.14　金属材质对界面作用的影响

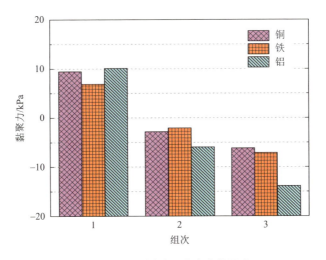

图 7.15　金属材质对黏聚力的影响

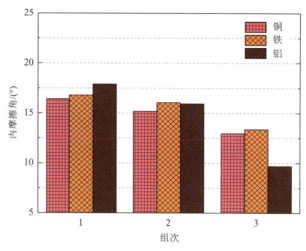

图 7.16　金属材质对内摩擦角的影响

由图 7.14～图 7.16 可以看出，金属材质对界面力测试结果有一定的影响，主要表现在剪切破坏面破坏形态上，如图 7.17 所示。铁表面黏附土样最多，其次是铜，最后是铝。但从黏土黏附潜势来看，铜最强，铁次之，铝最弱。

(a) 铜-15μm　　　　　　　　(b) 铁-15μm　　　　　　　　(c) 铝-15μm

图 7.17　金属材质对土样破坏形态的影响

7.2　盾构刀盘结泥饼试验研究

7.2.1　试验设备

界面力测试为盾构刀盘结泥饼试验的基础，本节在此基础上开展室内盾构掘进试验，试验装置如图 7.18 所示。

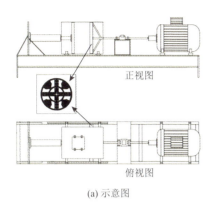

(a) 示意图　　　　　　　　　　　　　　(b) 实物图

图 7.18　盾构刀盘结泥饼试验装置

盾构刀盘结泥饼试验的思路为：用一个直径为 31cm 的刚性圆筒提供围压，然后在圆筒的左端安置一个液压千斤顶提供加压，在圆筒的右端，安置一个直径为 30cm 的仿真刀盘，左端的液压千斤顶对圆筒内土样加压，使圆筒内的填土向右侧刀盘做相对运动，同时转动刀盘实现地层掘削，模拟实际工程中盾构掘进（刀盘结泥饼）[14-20]，主要部件结构简述如下：

（1）支架和试验土舱采用不锈钢焊接而成，土舱的内直径约为 310mm，厚度约为 7mm。支架上预留有滑槽，试验土舱可通过滑槽沿掘进轴线做前后运动，也可通过螺栓固定在下方支架上，以便填土和观察刀盘上土样的黏附状态。

（2）加压千斤顶最大可加载 30t 压力，行程为 300mm，油缸直径为 80mm，手动加压。

（3）减速电机为 1.5kW 双无极可调速电机，输出转速可控制在 1.03～5.36r/min。

（4）动态扭矩传感器量程为 100N·m，精度为 ±0.25%，配合数显仪，能够同时输出扭矩、转速和功率三项测试指标。

（5）刀盘为根据实际工程中的盾构刀盘仿制的模型刀盘，由铁制成，厚度为1.5cm，可更换。

7.2.2　试验过程及测试项目

界面试验指出，当地层含水率高于 15% 时，压缩剪切会使地层溢水。当开挖渣土的含水率达到 25% 时，具有较好的流塑性。实际工程刀盘结泥饼时，地层含水率基本处于土体塑限范围。基于上述调查分析结果，本次试验在尽可能地真实还原实际盾构施工的情况下，分别研究不同含水率（5%、10%、15%、20%）、刀盘开口情况、刀具布置形式、土舱压力等对盾构刀盘结泥饼的影响。

在试验开始前，先对土样进行晒干、破碎，并采用边长为 10mm 的铁丝筛进行试验土样筛选，然后称取一定量筛分干土和水混合搅拌均匀，配制成不同含水率的试验土样，如图 7.19 所示。

图 7.19　试验土样配制

试验时，在钢圆筒土舱内装填满配制好的试验土样并压实，千斤顶预压到指定压力范围，开启变速电机，刀盘转动切土。盾构机在掘进过程中，连续加压使千斤顶压力保持在预设压力范围，同时保证土舱内土体从千斤顶一侧向刀盘一侧做相对运动。

试验过程中通过监测刀盘扭矩、千斤顶推进距离、千斤顶压力、出土重量以及观察最终土样在刀盘上的黏附状态来研究各因素对盾构刀盘结泥饼的影响，试验过程中测试或观察的项目如图 7.20 所示。

(a) 刀盘扭矩

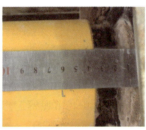
(b) 千斤顶推进距离

(c) 千斤顶压力

(d) 出土重量

(e) 土样黏附刀盘情况

图 7.20　试验过程中测试或观察的项目

7.2.3　含水率对盾构刀盘结泥饼的影响

为保证试验结果符合客观规律，在进行刀盘结泥饼试验时，对相同含水率的土样均进行两次测试，试验过程中存在停机取土的情况，在此进行说明。

图 7.21 为不同含水率土样进行刀盘结泥饼试验结果。由图可以看出，虽然每组含水率条件下进行的两次测试是完全独立分离的，但测试结果无论是量值还是变化规律，均表现出良好的一致性，充分证明了试验的可重复性和正确性。测试结果纵向对比可以看出，不同含水率下的试验结果存在明显的差异，具体表现在测试数据的变化规律和量值方面。为了揭示测试结果的内在规律，需要对原始数据进行处理，找出相同外在条件下各物理量之间的关系。

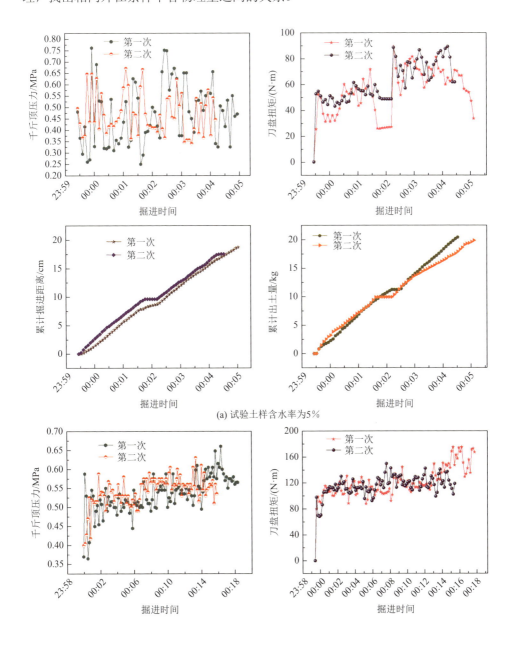

(a) 试验土样含水率为5%

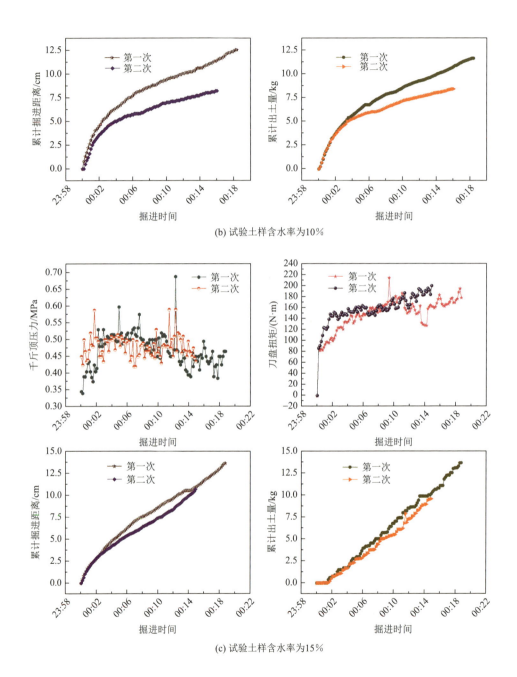

(b) 试验土样含水率为10%

(c) 试验土样含水率为15%

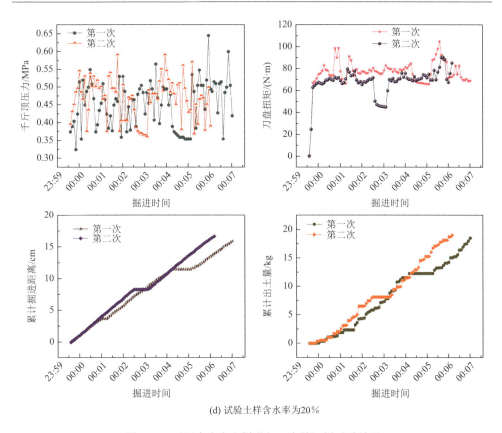

(d) 试验土样含水率为20%

图 7.21　不同含水率土样进行刀盘结泥饼试验结果

　　试验中，含水率为试验研究变量，千斤顶压力是整个试验的动力，理论上试验过程中应保持千斤顶压力恒定，但在实际操作过程中，一端加载，另一端卸载，因此将加载压力稳定在一个恒定值是不可能实现的。在试验过程中，观察到千斤顶压力对刀盘扭矩的影响很大，刀盘扭矩总是随着千斤顶压力的变化出现一致性的增大或减小的趋势，土体是可压缩的，因此千斤顶压力在地层中的传递具有滞后性。为了减小这种影响，本节采用动态平均法，动态平均法示意图如图 7.22 所示。

　　动态平均法处理思路是对监测数据中的某个数据，每次取其前后有限个数据进行平均，然后将该平均值作为这个数据的测试值，其他的数据依次类推。这样处理相当于每一个监测数据都得到了一个固定时间段内各数据的量值属性，消除了偶然误差对测试结果的影响。对于具有迟滞性的测试过程，这样处理更能反映现象本质。本节试验中，千斤顶压力经过土体传递给刀盘，具有迟滞性，因此采用动态平均法是合适的，后面研究数据处理也采用这种方法。

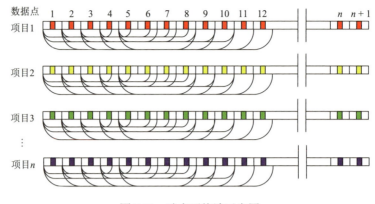

图 7.22　动态平均法示意图

以土样含水率为 5%，刀盘扭矩随千斤顶压力的变化数据处理为例进行说明，不同时间间隔平均后刀盘扭矩与千斤顶压力的关系如图 7.23 所示。

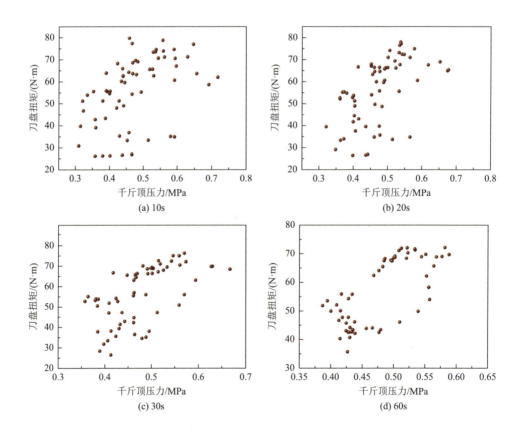

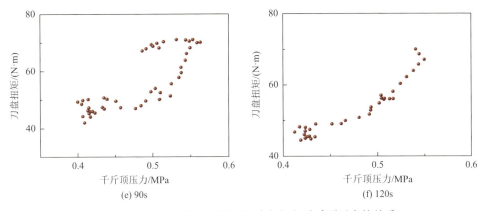

图 7.23　不同时间间隔平均后刀盘扭矩与千斤顶压力的关系

　　由图 7.23 可以看出，经平均处理后，刀盘扭矩随千斤顶压力的变化表现出较好的函数关系。同时，平均时间间隔的长短对最终结果也有重要的影响。

　　按照上述处理方法进行试验，不同含水率下盾构刀盘扭矩随千斤顶压力的变化关系如图 7.24 所示。

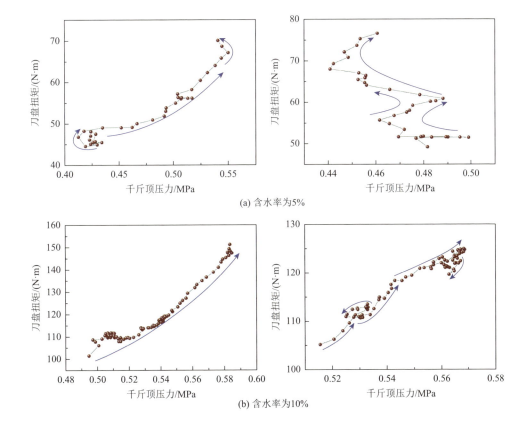

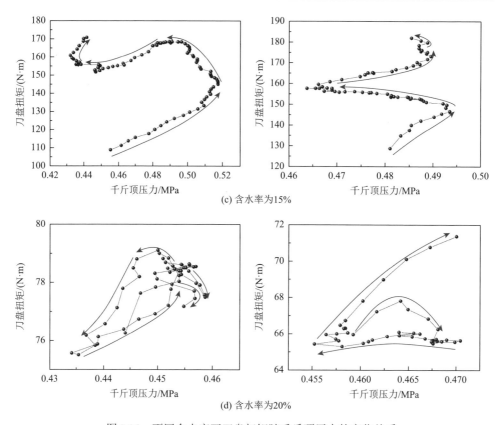

(c) 含水率为15%

(d) 含水率为20%

图7.24　不同含水率下刀盘扭矩随千斤顶压力的变化关系

　　由图7.24可以看出，各测试数据曲线在表现形式上略有差异，这主要是由加载过程中千斤顶加压不同引起的。本次试验中，因扭矩传感器量程有限，试验过程中为保证设备安全，需要将加载压力控制在某个范围。但从各曲线的变化趋势来看，大体上，刀盘扭矩随着千斤顶压力的增大而增大，千斤顶压力越大，刀盘扭矩增速越大。同时，刀盘扭矩随千斤顶压力的变化表现出较为明显的"应力路径"效应，含水率为15%的土样试验结果最为明显。由图7.24还可以看出，当千斤顶压力减小时，刀盘扭矩降低的幅度明显小于刀盘扭矩增加的幅度，这说明在高压下土体已经发生固结，土体强度增大，稳定性提高，同时开挖难度加大。从各组试验最终的测试结果来看，数据点均可以连成一条曲线，且刀盘扭矩随千斤顶压力的变化整体呈增大趋势，表明在掘进过程中刀盘结泥饼已经发生，但结泥饼过程是连续的，因此还不能通过掘进参数的变化判断结泥饼的程度[21-27]。在实际施工中，应重视盾构机推力对地层的加/卸荷作用，合理确定盾构机顶推力。高压会使得地层本身发生次固结，加大施工难度。

　　为探究刀盘扭矩随地层含水率的变化关系，测量了不同含水率下刀盘扭矩随千斤顶压力的变化范围，如表 7.3 所示。扭矩压力比随土体含水率的变化曲线如图 7.25 所示。

表 7.3　不同含水率下刀盘扭矩随千斤顶压力的变化范围

土样含水率/%	5		10		15		20	
	第一次	第二次	第一次	第二次	第一次	第二次	第一次	第二次
压力范围/MPa	0.4126～0.5503	0.4409～0.4990	0.4947～0.5847	0.5156～0.5688	0.4319～0.5170	0.4637～0.4934	0.4341～0.4586	0.4552～0.4704
扭矩范围/(N·m)	44.584～70.028	49.244～76.596	101.604～151.308	105.263～125.004	109.148～171.056	128.844～182.108	75.516～79.118	65.327～71.389
扭矩压力比/(N·m/MPa)	111.997	128.937	233.130	217.603	353.782	348.612	173.142	143.395

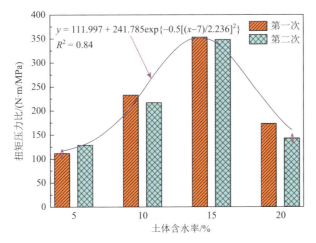

图 7.25　扭矩压力比随土体含水率的变化曲线

由表 7.3 和图 7.25 可以看出，刀盘扭矩随含水率的变化基本符合高斯正态分布，一定程度上表明了实际工程盾构施工难度随地层含水率的变化关系。由图 7.25 可以看出，当地层含水率为 15%时，单位千斤顶压力作用下掘进产生的扭矩最大，约为 350N·m。由现场有关该黏土塑限和液限的测试分析可知，15%地层含水率接近土体塑限，因此可认为当地层含水率为土体塑限（或略小于塑限）时，盾构施工阻力最大。

图 7.26 为不同含水率下盾构掘进速度随千斤顶压力的变化。由图可以明显看出，当含水率为 5%和 20%时，掘进速度随千斤顶压力的变化表现出阶段性的线性变化趋势；当含水率为 10%和 15%时，掘进速度随千斤顶压力的变化呈现明显的非线性。从掘进速度的变化趋势来看，随着千斤顶压力的增加，掘进速度整体呈减小的趋势。

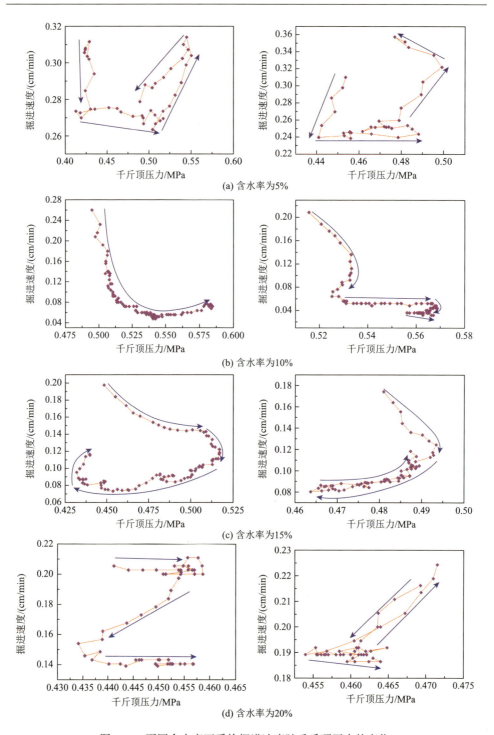

(a) 含水率为5%

(b) 含水率为10%

(c) 含水率为15%

(d) 含水率为20%

图 7.26 不同含水率下盾构掘进速度随千斤顶压力的变化

为了量化含水率对掘进速度的影响，测量了不同含水率下盾构掘进速度及千斤顶压力的变化范围，如表 7.4 所示。掘进速度压力比随土体含水率的变化曲线如图 7.27 所示。

表 7.4　不同含水率下盾构掘进速度及千斤顶压力的变化范围

土样含水率/%	5		10		15		20	
	第一次	第二次	第一次	第二次	第一次	第二次	第一次	第二次
压力范围/MPa	0.4126~0.5503	0.4409~0.4990	0.4947~0.5847	0.5156~0.5688	0.4319~0.5170	0.4637~0.4934	0.4341~0.4586	0.4552~0.4704
速度范围/(cm/min)	0.2636~0.314	0.2388~0.3572	0.048~0.26	0.032~0.208	0.0736~0.1976	0.0804~0.174	0.1391~0.2109	0.1864~0.2243
掘进速度压力比/[cm/(min·MPa)]	0.5878	0.5779	0.1070	0.0723	0.1930	0.1947	0.3484	0.4164

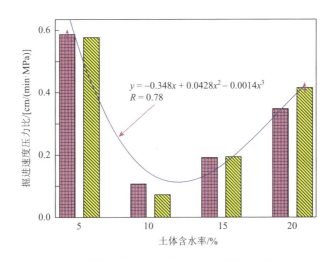

图 7.27　掘进速度压力比随土体含水率的变化曲线

由图 7.27 可以看到，掘进速度随含水率的增加呈现出先减小后增大的变化趋势。根据拟合公式，当含水率约为 12%时，掘进速度最小。另外，在试验过程中可以发现，当含水率为 5%和 20%时，出土顺畅。当含水率为 5%时，渣土以散粒结构形式被排出，基本不存在阻塞刀盘开口的情况；当含水率为 20%时，土体已经具有一定的流塑性，虽然有渣土阻塞刀盘开口的情况，但由于渣土处于流塑状态，抗剪强度低，在压力作用下依然能够较连续地被挤出；当含水率为 10%和 15%时，随着掘进工作的进行，掘进速度逐渐降低，出土量减少，渣土以一种压塑状态从刀盘开口挤出，挤出的渣土呈可塑状，直观感受地层处于 10%～15%含水率范围时，盾构掘进容易产生刀盘结泥饼。

由图 7.27 还可以看到，在测试的末端段，掘进速度随千斤顶压力的增大缓慢增大。这是由于试验过程中，千斤顶加压使土舱内的土体向着刀盘方向移动。由于泊松效应，在加压过程中，土体与舱壁之间必然产生摩擦，且这个摩擦力与土柱和舱壁的接触面积直接相关。换言之，千斤顶压力的作用有两个，一个是推动土体运动（有效力），另一个是克服土体与舱壁之间的摩擦（无效力）。随着掘进工作的进行，土柱长度减小，无效力减小，有效力增加，因此表现在掘进速度上，在掘进后期，千斤顶压力的增大会使得掘进速度上升。这是由试验条件限制造成的，在本次试验的所有分析中，都伴随有这种效应。

试验过程中，不同含水率下出土速度与盾构掘进速度之间的关系如图 7.28 所示。

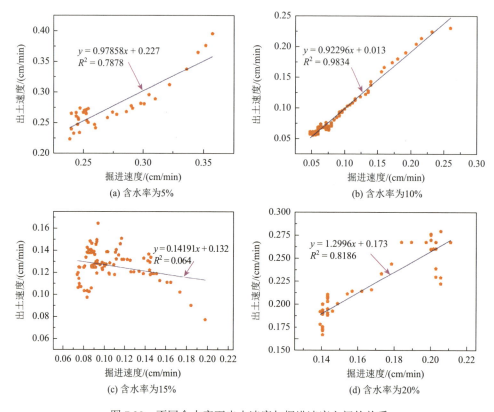

图 7.28　不同含水率下出土速度与掘进速度之间的关系

由图 7.28 可以看出，当含水率为 15%时，出土速度与掘进速度相关性很差。这主要是由于在 15%含水率条件下进行地层掘进时，渣土是以塑性挤出状态被排出的，给实际测量排土重量造成了很大的困难，同时渣土黏附在刀盘支撑臂上的情况比较严重。对比含水率为 5%、10%、20%的情况可以看出，盾构出土速度与掘进速度之间存在较好的相关性，表明在这三种地层条件下，盾构排土相对正常，这也说明了 15%地层含水率是刀盘最容易结泥饼的地层条件。相关系数 R^2 的大小在一定程度上也反映了地层性质，当地层含水率为 10%时，出土速度与掘进速度之间的相关系数达到了 0.9834，说明掘进过程中出土是连续顺畅的，并且 10%含水率接近土壤的最优压密含水率 9%。可以想象，当地层含水率为 5%时，土体内空隙较多，掘进过程中压力被土体颗粒空隙耗散，导致掘进速度随压力大小波动，影响出土。当地层含水率为 20%时，土体很软，在压力作用下土体有向土舱内逃逸的倾向，且由于土体剪切强度小、承压能力弱，在较低的千斤顶压力下呈现出塑性流动趋势，反而容易排出。

在不同含水率下进行试验，切削渣土的排出情况如图 7.29 所示，最终刀盘结泥饼的形态如图 7.30 所示。

(a) 含水率为5%　　　　(b) 含水率为10%　　　　(c) 含水率为15%　　　　(d) 含水率为20%

图 7.29　掘进过程中切削渣土的排出情况

(a) 含水率为5%　　　　(b) 含水率为10%　　　　(c) 含水率为15%　　　　(d) 含水率为20%

图 7.30　不同含水率下刀盘结泥饼情况

由图 7.30 可以看出，在低含水率条件下掘进，渣土主要集中黏附在刀盘中心鱼尾刀区域，随着地层含水率的增加，刀具间、辐条以及刀盘中心开口区域均被渣土填满；当地层含水率为15%时，掘进完成后刀盘开口均被阻塞；当地层含水率为20%时，刀盘面板基本完全被渣土覆盖。可以看出，掘进过程中刀盘封闭区域最容易结泥饼，构造密集区域先发生阻塞，然后面板结泥饼。需要指出的是，虽然从形态上来看，随着含水率的增加，刀盘上渣土黏附量增多，但其清理难度并不是逐步提高的。在含水率为5%和20%的地层中工作的刀盘最容易清理，其次是在含水率为10%的地层中工作的刀盘，最后是在含水率为15%的地层中工作的刀盘。从对掘进速度的影响来看，在含水率为10%和15%的地层中工作的刀盘，渣土阻塞刀具后固结成较硬的块状体，刀具的切削能力降低，对施工效率影响最大。

7.2.4　刀盘形式对盾构刀盘结泥饼的影响

由7.2.3节可知，地层含水率为15%时刀盘最容易结泥饼。本节为探究刀盘形式对盾构刀盘结泥饼的影响，在15%含水率条件下，对开口率分别为21.6%、36.5%、65.1%（以下分别称为刀盘1、刀盘2和刀盘3）的三种常见刀盘（图7.31）进行盾构掘进试验。

(a) 刀盘1　　　　　　　　　　(b) 刀盘2　　　　　　　　　　(c) 刀盘3

图7.31　试验用不同开口率刀盘

图7.32为使用三种刀盘进行试验过程，千斤顶压力、刀盘扭矩、累计掘进距离、累计出土量随掘进时间的变化曲线。可以看出，虽然三个刀盘的开口形式和刀具布置均存在差异，但测试数据的基本变化趋势是相同的。同时，由于刀盘1的开口率较小，在试验过程中出土速度很小，相关测试过程进行了二次掘进。从各监测数据的变化趋势来看，刀盘2和刀盘3较接近。为了分析刀盘形式对盾构刀盘结泥饼的影响，按照动态平均法的处理思路进行研究，结果如图7.33和图7.34所示。

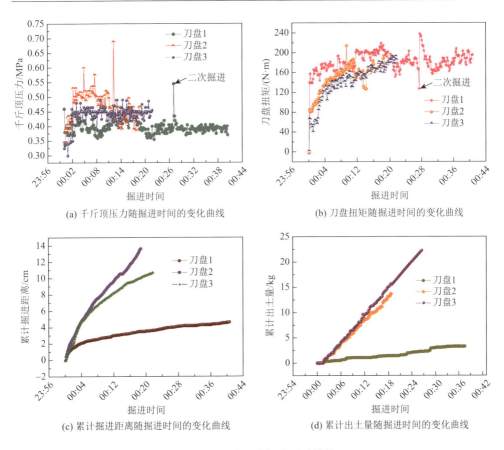

(a) 千斤顶压力随掘进时间的变化曲线

(b) 刀盘扭矩随掘进时间的变化曲线

(c) 累计掘进距离随掘进时间的变化曲线

(d) 累计出土量随掘进时间的变化曲线

图 7.32　三种刀盘掘进测试结果

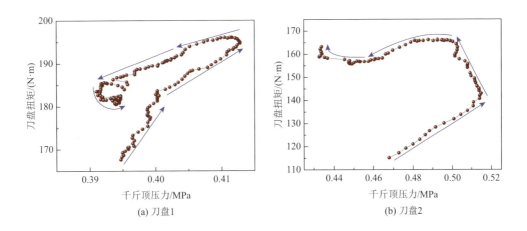

(a) 刀盘1

(b) 刀盘2

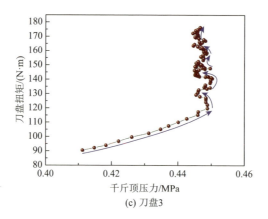

(c) 刀盘3

图 7.33　刀盘扭矩随千斤顶压力的变化曲线

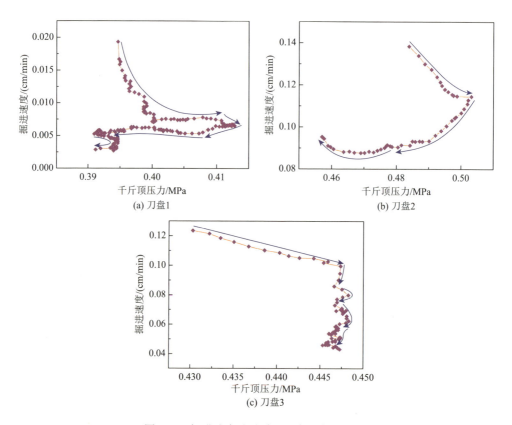

(a) 刀盘1

(b) 刀盘2

(c) 刀盘3

图 7.34　掘进速度随千斤顶压力的变化曲线

由图 7.33 可以看出，刀盘扭矩随着千斤顶压力的增大而增大，但不是线性增加，可分为几个阶段。在掘进初期，刀盘扭矩随千斤顶压力的增大呈线性增大，这个过程可认为刀盘正在结泥饼，刀具和面板正在被切削渣土覆盖。后续表现与刀盘类型有关，但总体上依然表现出了较强的"应力路径"效应。由图7.34可以看出，掘进速度的变化趋势与刀盘扭矩的变化趋势具有一致性。在掘进初始阶段，掘进速度随千斤顶压力的提高而降低；在掘进后续阶段，掘进速度随千斤顶压力的降低而迅速降低；整体上，掘进速度在整个掘进过程中呈现逐渐降低的变化趋势。这说明，实际盾构施工刀盘结泥饼若没有得到及时妥善处理，则盾构施工效率会越来越低，研磨作用还会使泥饼硬化，形成岩石。

图7.35为实测出土速度随掘进速度的变化曲线。由图可以看出，出土速度与掘进速度相关性很差。这主要是由于在15%含水率地层中掘进时，塑性挤出渣土容易卡在刀盘支撑臂和支撑板之间，渣土是以块状方式掉落在电子秤上的，造成了出土称重的不连续性。对比图7.35中出土速度散点分布可以明显看出，刀盘开口率对掘进速度有很大的影响，刀盘1的平均出土速度（0.06cm/min）明显小于刀盘2（0.126cm/min）和刀盘3（0.150cm/min）的平均出土速度，这也反映在测试时间的长短上，刀盘1的测试时间最长。

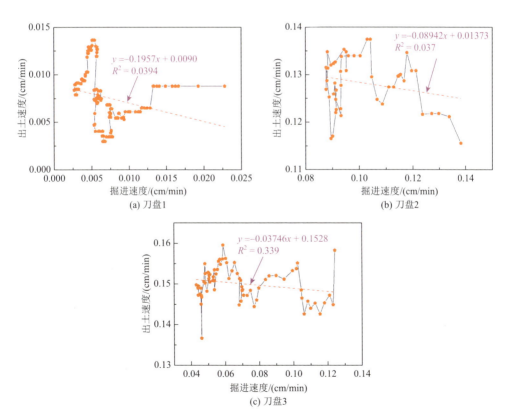

(a) 刀盘1　　　　　　　　　　(b) 刀盘2

(c) 刀盘3

图7.35　实测出土速度随掘进速度的变化曲线

为量化刀盘扭矩及掘进速度与刀盘开口率的关系，整理出在单位压力作用下扭矩压力比及掘进速度压力比随刀盘开口率的变化关系如图 7.36 和图 7.37 所示。

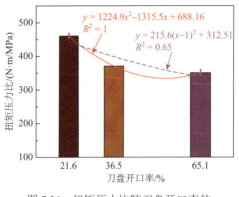

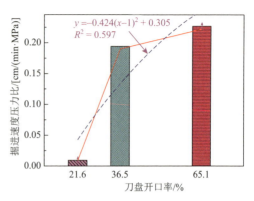

图 7.36　扭矩压力比随刀盘开口率的
变化关系

图 7.37　掘进速度压力比随刀盘开口率的
变化关系

由图 7.36 和图 7.37 可以看出，整体上刀盘扭矩随开口率的增大逐渐降低，掘进速度随开口率的增大而增大，但增降速度与开口率不成正比[28-32]。若仅以测试数据为依据进行拟合分析，则刀盘扭矩随开口率的变化呈二次函数变化规律。根据拟合结果，当刀盘开口率约为 55%时，单位压力作用下测试扭矩最小，表明对于 15%含水率地层盾构掘进最优开口率为 55%。图中还给出了假定刀盘开口率为 1 时扭矩最低和掘进速度最大的二次函数拟合曲线，有一定相关性，但试验数据较少，不足以说明问题，后续研究还需要补做试验对其进行验证。

图 7.38 为三种刀盘掘进完成后结泥饼的形态。由图可以看出，刀盘 1 的开口及中心区域完全被渣土覆盖；刀盘 2 和刀盘 3 刀梁附近有大量黏土集聚并导致开口部分阻塞。无论是辐条型刀盘还是面板型刀盘，刀盘结泥饼的表现均为开口阻塞和刀具面板被渣土覆盖。刀盘 1 结泥饼的形态完全符合梁桥模型和黏性土滑

(a) 刀盘1　　　　　　　　　　(b) 刀盘2　　　　　　　　　　(c) 刀盘3

图 7.38　三种刀盘掘进完成后结泥饼形态

坡模型的分析结果，即距离刀盘中心区域越近，阻塞越严重；距离面板周边越近，滑体深度越深，面板泥饼越容易剥离。对比图 7.38（b）和（c）可以看出，刀盘结泥饼造成掘进效率降低的本质可以理解为刀盘有效开口率的降低。

由图 7.38 还可以看出，刀具附近及刀盘中心区域均被渣土覆盖，在面板泥饼状况相似的情况下，随着刀盘开口率的增大，刀盘阻塞后有效开口率也呈现逐渐增加的趋势，与掘进效率对比不难发现，开口阻塞是限制掘进效率的主要原因。另外，可以直观地感受到，泥饼的致密程度是随着开口率的增大逐渐降低的，可以推断，在排土过程中，由于刀盘 1 的开口率最小，在渣土通过开口时，形成稳定梁桥泥饼单元的概率最大，阻塞程度最严重。因此，渣土在刀盘和开挖面之间反复研磨，形成较为致密的状态。刀盘 2 和刀盘 3 的情况与刀盘 1 类似，但由于开口率提高，研磨固结作用降低，压密现象较刀盘 1 减轻。从三个刀盘试验结果对比来看，刀盘开口率的大小对施工效率有直接影响，当刀盘开口率较小时，开口封锁，成桥阻塞效应非常明显；当刀盘开口率增大到一定程度时，虽然仍有开口被封锁，但还留有一部分开口保持顺畅，为渣土进入土舱提供了通道。因此，实际中设计刀盘及刀具时，应充分考虑刀盘开口、刀具间距、刀具高差等与渣土团聚体的尺寸效应，进行针对性设计。同时，刀盘结泥饼后有效开口率的大小对掘进效率的影响最为关键。

7.2.5　土舱压力对盾构刀盘结泥饼的影响

前述试验是在不考虑土舱压力影响的情况下完成的，即认为渣土通过刀盘面板被排出。实际工程中，这种情况与盾构空舱推进（始发或清空土舱后推进）情况类似，而与平衡掘进过程中状态不同。为了研究盾构掘进过程中土舱内渣土的存在（压力）对盾构刀盘结泥饼的影响，进行如下试验方案设计，如图 7.39 所示。

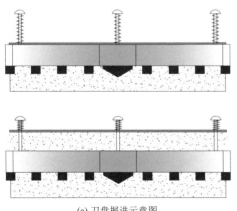

(a) 刀盘掘进示意图

(b) 刀盘实物

图 7.39　土舱压力对盾构刀盘结泥饼的影响试验设计

　　土舱压力对盾构刀盘结泥饼的影响试验在刀盘背板上添加了用于提供土舱压力的挡土板和弹簧，这种设置使得渣土通过刀盘开口时先顶推挡土板才能打开排土通道，在渣土顶推挡土板的过程中，挡土板后面的弹簧提供反力，模拟土舱压力。经测试，试验用单根弹簧的劲度系数约为 30N/cm，试验结果如图 7.40 所示。

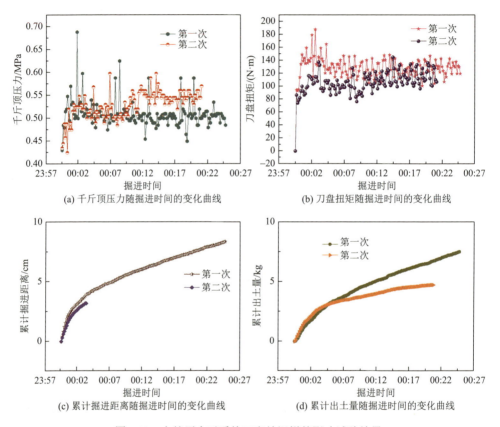

(a) 千斤顶压力随掘进时间的变化曲线　　　　(b) 刀盘扭矩随掘进时间的变化曲线

(c) 累计掘进距离随掘进时间的变化曲线　　　　(d) 累计出土量随掘进时间的变化曲线

图 7.40　土舱压力对盾构刀盘结泥饼的影响试验结果

　　图 7.40 为在刀盘背面加装挡土板后测试数据的原始记录结果。需要说明的是，为了保证排土顺畅，试验过程中采用含水率为 10%的土样，同时考虑到将四个开口同时封牢排土过于困难，不易于对比，因此试验时只将两个开口封住（对侧），且一组安装 6 个螺栓，另一组安装 4 个螺栓（图 7.41（a）和（b））。由于图 7.41（a）和（b）是几乎相同的试验条件，测试结果的整体趋势相同；同时，由于加载路径不同，又有一定的区别。与前述研究类似，采用动态平均法对测试数据进行处理，在卸压加载和加压加载情况下，得到刀盘扭矩和掘进速度随千斤顶压力的变化曲线如图 7.42 和图 7.43 所示。

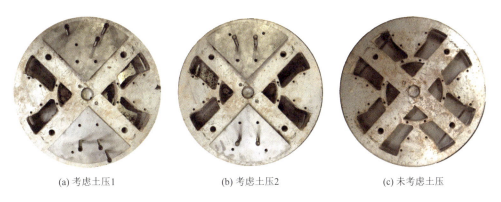

(a) 考虑土压1　　　　　　　(b) 考虑土压2　　　　　　　(c) 未考虑土压

图 7.41　土舱压力的两种考虑方式

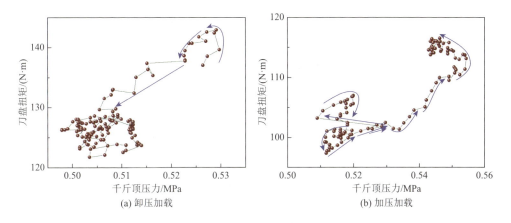

(a) 卸压加载　　　　　　　　　　　　　　　(b) 加压加载

图 7.42　卸压加载和加压加载下刀盘扭矩随千斤顶压力的变化曲线

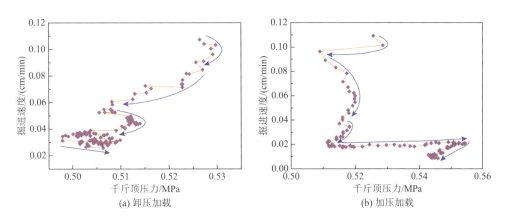

(a) 卸压加载　　　　　　　　　　　　　　　(b) 加压加载

图 7.43　卸压加载和加压加载下掘进速度随千斤顶压力的变化曲线

由图 7.42 和图 7.43 可知，数据点的变化趋势与前述试验相同，刀盘扭矩随千斤顶压力的增大呈非线性增大，且增速逐渐增加；掘进速度与施工过程相关，基本上在整个掘进过程中，掘进速度呈下降趋势，符合实际工程刀盘结泥饼的特征。

为了比较考虑土舱压力和不考虑土舱压力的差别，将两种模式掘进参数进行对比，结果如图 7.44 和图 7.45 所示。

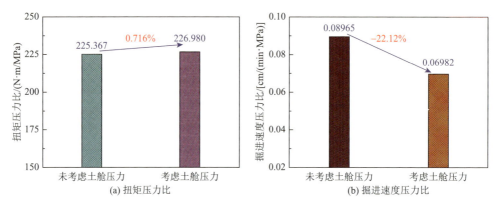

(a) 扭矩压力比　　　　　　　　　　　　　　　(b) 掘进速度压力比

图 7.44　考虑土舱压力与未考虑土舱压力对扭矩压力比和掘进速度压力比的影响

(a) 考虑土舱压力　　　　　　　　　　　　　　(b) 未考虑土舱压力

图 7.45　考虑土舱压力和未考虑土舱压力下结泥饼形态

由图 7.44 可以看出，土舱压力对刀盘结泥饼问题最主要的影响是使得掘进速度明显降低，刀盘扭矩略有增大。需要说明的是，本次试验在考虑土舱压力影响时与实际工程有区别。本次试验土舱压力只加在了刀盘开口上，而实际工程中土舱内有渣土堆积且带压，刀盘面板相当于两面受力，舱内土压也会给刀盘转动带来阻力，甚至导致刀盘背面结泥饼，扭矩会相应增大，扭矩压力比可能会很高。但本项试验条件有限，因此很难再现这种效果。从刀盘结泥饼的最终形态来看，考虑土舱压力后，刀盘上面板结泥饼的范围增大。未考虑土舱压力时，只有齿刀密度较大的刀梁和刀盘中心开口较小的区域结泥饼；而考虑土舱压力后，除了上述区域，加装压力板的刀盘开口也被泥饼填满。出现这种现象的原因为土舱内渣土的存在使得刀盘开口变成了一个半封闭的区域，渣土通过刀盘进入土舱首先要抵消土舱内的土压，这个过程中渣土在开口区域被压实，变成一种较密实的状态。刀梁和相邻开口被填满后，两者形成了宽度更大的"抗滑桩"结构，同时相邻桩的间隙减小，桩高度增加，压剪作用形成的滑槽很浅，使得刀盘面板上的泥饼不能及时去除，越积越多，越压越密。总结以上结论，土舱内渣土的存在对刀盘结泥饼的影响是使得刀盘开口区域的封闭性提高，切削渣土更容易阻塞刀盘，形成泥饼微元强度提高；同时，高压渣土的存在导致通过开挖面压剪作用自去除面板泥饼的能力变弱，因此导致更大范围的面板泥饼形成。

　　图 7.46 为实际出土速度与掘进速度的关系曲线。可以看出，10%含水率情况下进行掘进，理论出土速度与实际掘进速度具有较好的相关性。相较于未考虑土舱压力的情况，考虑土舱压力后，盾构掘进速度下降 24.46%～49.96%（图 7.47）。

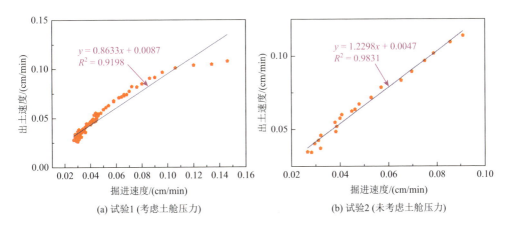

(a) 试验1 (考虑土舱压力)　　　　　　　　(b) 试验2 (未考虑土舱压力)

图 7.46　实际出土速度与掘进速度的关系曲线

　　由盾构平衡理论可知，对于自稳性较弱的开挖面，可以通过土压和气压进行平衡。很明显，土压平衡相较于气压平衡对渣土进入土舱的阻力更大。因此，实际盾构在施工过程中，从减少结泥饼方面考虑，应尽量采取气压平衡方式进行掘进，对于开挖面掉块的情况，可以采取半土半气的平衡方式。另外，确定合理的开口率和开口分布，对稳定开挖面和保证掘进效率都很重要。

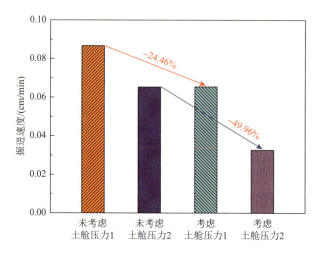

图 7.47　土舱压力对掘进速度的影响

参 考 文 献

[1] Basmenj A K. Adhesion of clay to metal surface; normal and tangential measurement[J]. Geomechanics & Engineering, 2016, 10(2): 125-135.

[2] Basmenj A K, Mirjavan A, Ghafoori M, et al. Assessment of the adhesion potential of kaolinite and montmorillonite using a pull-out test device[J]. Bulletin of Engineering Geology & the Environment, 2016, 76: 1507-1519.

[3] 王明胜. 南昌地铁泥水盾构穿越赣江浅覆盖透水层施工关键技术研究[J]. 隧道建设, 2015, (11): 1222-1228.

[4] 杨金钟, 魏斌效, 田利锋. 辐条式刀盘在砂卵石地层的泥饼成因及处理措施[C]. 2011 中国盾构技术学术研讨会, 北京, 2011: 53-55.

[5] 于海亮. 盾构施工中泥饼防治施工技术研究[J]. 江苏建材, 2015, (5): 36-40.

[6] Burbaum U, Sass I. Physics of adhesion of soils to solid surfaces[J]. Bulletin of Engineering Geology & the Environment, 2016, 76(3): 1-9.

[7] Quebaud S, Sibai M, Henry J P. Use of chemical foam for improvements in drilling by earth-pressure balanced shields in granular soils[J]. Tunnelling and Underground Space Technology, 1998, 13(2): 173-180.

[8] Masuta T, Shiraishi T, Miki H, et al. Study on soil conditioning effect of incinerated ash of sewage sludge[J]. Proceedings of Environmental & Samtary Engineering Research, 1991, 27: 129-134.

[9] Langmaack L. Advanced technology of soil conditioning in EPB shield tunnelling[J]. North American Tunneling, 2000, (1): 525-542.

[10] 康洪信. 硬塑黏土层盾构干碴出土施工技术研究[J]. 铁道建筑技术, 2016, (z1): 248-251.

[11] 侯凯文, 王崇, 江杰, 等. 南宁地铁 2 号线盾构选型设计与适应性分析[J]. 隧道建设, 2017, 37(8): 1037-1045.

[12] 赵国栋, 姚印彬. 刀盘中心体泥饼成因及其防治对策[J]. 铁道建筑技术, 2017, (3): 69-72.

[13] Houlsby G T, Psomas S. Soil conditioning for pipejacking and tunnelling: Properties of sand/foam mixtures[J]. Underground Construction, 2001, (1): 128-138.

[14] Psomas S, Houlsby G T. Soil conditioning for EPBM tunnelling: Compressibility behaviour of foam/sand

mixtures[C]. Geotechnical Aspects of Underground Construction in Soft Ground, Toulouse, 2002: 215-220.

[15]　Martinotto A, Langmaack D I L. Toulouse metro lot 2: Soil conditioning in difficult ground conditions[C]. ITA-AITES World Tunnel Congress, Prague, 2007: 1211-1216.

[16]　董祥宽. 重庆复合式 TBM 刀盘防结泥饼技术[J]. 隧道建设, 2012, 32(S2): 101-104.

[17]　刘波, 陶龙光, 严继华, 等. 广州地铁复杂红层岩土 SEM 微观实验研究[C]. 中国土木工程学会土力学及岩土工程学术会议, 重庆, 2007: 406-411.

[18]　Thewes M, Budach C. Soil conditioning with foam during EPB tunnelling[J]. Geomechanik and Tunnelbau, 2010, 3(3): 256-267.

[19]　Thewes M, Budach C, Bezuijen A. Foam conditioning in EPB tunnelling[J]. Geotechnical Aspects of Underground Construction in Soft Ground, 2012, (19): 127-135.

[20]　邓如勇. 盾构刀盘结泥饼的机理及处置措施研究[D]. 成都: 西南交通大学, 2018.

[21]　Zumsteg R, Plötze M, Puzrin A M. Effect of soil conditioners on the pressure and rate-dependent shear strength of different clays[J]. Journal of Geotechnical & Geoenvironmental Engineering, 2012, 138(9): 1138-1146.

[22]　邓彬, 顾小芳. 上软下硬地层盾构施工技术研究[J]. 现代隧道技术, 2012, 49(2): 59-64.

[23]　季万平. 泡沫剂在软硬不均地层渣土改良的技术应用[J]. 商品混凝土, 2013, (4): 122-123.

[24]　Ma C, Gong Q, Jiang H, et al. Research on micro-structural mechanism of conditioning the excavated soil in earth pressure balanced TBM[C]. 国际海事委员会会议, 北京, 2012: 1619-1656.

[25]　Zumsteg R, Plötze M, Puzrin A. Reduction of the clogging potential of clays: New chemical applications and novel quantification approaches[J]. Géotechnique, 2013, 63(4): 276-286.

[26]　曾垂刚. 泥岩地层中泥水盾构掘进施工技术[J]. 建筑机械化, 2017, (6): 48-52.

[27]　别雨濛, 袁军, 程健, 等. 盾构机泥浆堵塞的形成机理和解决方案[J]. 市政技术, 2017, (2): 181-184.

[28]　Ye X, Wang S, Yang J, et al. Soil conditioning for EPB shield tunneling in argillaceous siltstone with high content of clay minerals: Case study[J]. International Journal of Geomechanics, 2017, 17(4): 05016002.

[29]　Liu P, Wang S, Ge L, et al. Changes of atterberg limits and electrochemical behaviors of clays with dispersants as conditioning agents for EPB shield tunnelling[J]. Tunnelling & Underground Space Technology, 2018, 73: 244-251.

[30]　陈乔松, 刘德智, 杨军宁, 等. 泥水平衡盾构机刀盘泥饼形成机理及防治技术[J]. 外语与翻译, 2011, 12(2): 214-215.

[31]　宋卫博. 浅析盾构施工中泥饼成因以及解决方法[J]. 城市建设理论研究(电子版), 2014, (23): 2404-2405.

[32]　贾璐, 温法庆, 黄欣, 等. 土压平衡盾构刀盘泥饼防治综合技术研究及应用[J]. 施工技术, 2015, (S1): 243-246.

第 8 章　渣土的磨蚀性

在盾构掘进过程中，盾构刀具与掘削土体直接接触，不可避免会造成一定的磨损[1]。北京、成都、广州等城市修建地铁时都曾出现过施工过程中刀盘及刀具磨损过快的情况，影响工程施工效率[2-6]。以成都地铁 3 号线一期工程为例，隧道段主要穿过含有大粒径、高强度漂石的卵石土夹透镜体砂层，卵石土均匀性好，但其自稳性差、含水量丰富，采用常规渣土改良方法不能取得良好效果，它会对刀盘、刀具、螺旋出土器造成较大、较快的磨损。由此可见，地层和渣土的磨蚀性直接关系到开挖面的掘进效率及施工安全。本章从盾构刀具磨损机理出发，结合渣土磨蚀试验，介绍部分地质参数对渣土磨蚀的影响，并从改良剂角度提供刀具减磨建议。

8.1　渣土磨蚀原因

工程中出现的刀具快速磨损问题是由刀盘结构设计、刀具选型布置以及渣土改良施工操作与各地质因素不匹配导致的[7]。刀具磨损的影响因素较多且复杂，具体如表 8.1 所示。

表 8.1　刀具磨损影响因素

影响因素	因素类型	人为可变因素
地质参数	矿物组分、土体类别（强度、硬度）、颗粒级配、颗粒尺寸、颗粒形状、颗粒磨圆度、土体密实度、含水率、内摩擦角	含水率
刀具设计	刀具材料、刀具形式（种类、几何参数）、刀具布设方位、刀具布设半径	均可变
盾构施工参数	刀盘转速、盾构推力、盾构扭矩、掘进长度、掘进速度、土舱压力、土体改良措施（泥浆、泡沫）	均可变，其中土体改良措施可变性最大

盾构施工时经常会遇到无黏性地层，其特点是黏聚力几乎为零、内摩擦角大、石英含量高、强度高，并具有高磨蚀性，容易导致刀盘及刀具的严重磨损，以致施工过程中换刀频繁。具体来看，无黏性地层的特点主要体现在以下几方面。

（1）磨蚀性成分含量高：地层中石英等磨蚀性矿物含量较高，会加速刀具的磨损。

（2）内摩擦角大：砂土流塑性差，需要更大的掘削力才能扰动，这会增大刀具与砂颗粒间的接触力，磨损更严重。砂土的内摩擦角 φ 一般为 28°～40°，孔隙比越大，内摩擦角 φ 越大[8]。

（3）渗透系数大：透水性好，在盾构的推挤作用下易排水固结，进而导致土体强度提高，盾构推进的摩擦阻力和开挖面土压力增大。

土体改良是减少渣土磨蚀最直接有效的方法，此外提高施工技术和适应性设计刀盘及刀具也可起到减磨效果。

8.2　盾构刀具损伤模型及磨损机理

8.2.1　盾构刀具磨损及损伤类型

磨损是指两个物体接触表面之间相互作用而引起物体表面物质的损失或表面材料出现残余变形的现象，磨损的结果表现为微粒的分离或材料的残余应变，也称为磨耗。在工程中，机件的表面磨损随着时间和工况的改变而发生变化，这可能会导致磨损形式随着时间和工况的改变而发生变化，或者出现几种磨损形式共存的现象，但是在大部分情况下，机件的磨损通常由一种磨损形式起主导作用。为了便于研究，将盾构工程中常见的刀具磨损分为两大类，如图 8.1 所示。

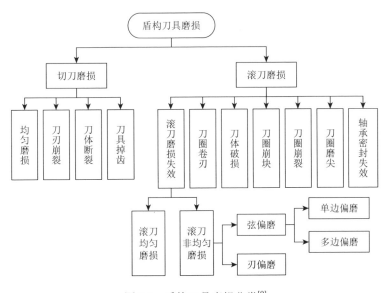

图 8.1　盾构刀具磨损分类[9]

1. 盾构滚刀磨损及损伤类型

滚刀主要是针对破岩而设计的，面临的地层条件较切刀更为复杂，因此滚刀磨损在工程中更为常见。滚刀磨损主要包括滚刀磨损失效、刀圈磨尖、刀圈崩裂、刀圈崩块、刀体破损、刀圈卷刃、轴承密封失效等。

1）滚刀磨损失效

滚刀磨损失效在复杂地层中较为常见，又分为滚刀均匀磨损和滚刀非均匀磨损[9]。

（1）滚刀均匀磨损：指的是滚刀在地层中保证刀圈始终与掌子面接触，在刀圈与掌子面相互作用的过程中形成的磨损比较均匀的现象，如图 8.2 所示。特别是在强度较高、岩层比较均一的地质情况下，掌子面岩层整体性好，刀圈在挤压破碎地层时与掌子面有足够的挤压接触，使得滚刀刀圈在挤压破碎岩层的过程中可以持续绕刀轴转动，当刀圈磨损厚度基本一致，滚刀达到磨损限值时将会失效。一般来讲，滚刀均匀磨损主要出现在较为均一的地层中；边缘滚刀是保证盾构开挖直径重要的因素，接触的地层受挤压程度比正面大，同时边缘滚刀的运动轨迹范围更大，对边缘滚刀要求更高，因此边缘滚刀的磨损限值比正面滚刀小。在地质条件较好的工程中，一般会将更换下的边缘滚刀用在正面，达到材料的充分利用。

图 8.2　滚刀均匀磨损示意图[10]

（2）滚刀非均匀磨损：与滚刀均匀磨损不同的是，滚刀非均匀磨损主要发生在刀圈的局部位置，表现为滚刀刀圈沿半径方向上的磨耗程度不一致，在实际工程中主要体现为弦偏磨和刃偏磨。弦偏磨又分为单边偏磨和多边偏磨。单边偏磨主要是由滚刀在掘进过程中刀圈不转造成的，如图 8.3 所示；多边偏磨主要是由刀圈时转时不转造成的，如图 8.4 所示。刃偏磨主要体现在刀刃两边的磨耗程度不均匀，这种情况在实际工程中较少出现，因为刀刃较窄，刀刃两侧的地层情况比较均匀，磨损情况基本相似。

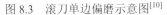

图 8.3　滚刀单边偏磨示意图[10]　　　　　图 8.4　滚刀多边偏磨示意图[10]

　　滚刀非均匀磨损一般出现在松散地层中，松散地层无法提供给刀圈足够的反力或启动扭矩使得刀圈能够绕轴转动，导致局部出现较为严重的磨损。同时，随着掘进距离的增加，地层无法一直保持均匀，导致滚刀可能出现时转时不转的情况，即会出现多边偏磨。在软黏土地层中，结泥饼会包裹滚刀，导致刀圈无法绕轴转动。

　　2）刀圈磨尖

　　刀圈磨尖主要体现在滚刀刀圈磨损后刀刃呈锥形。刀圈磨尖的原因是当松散地层中出现较多的硬质磨粒和磨蚀性矿物时，地层磨蚀性较强，刀圈材料更易磨损，但刀圈材料耐磨性较好，贯入地层较深，刀圈后部与割槽间的挤压效果增强，挤压力增加，硬质磨粒使磨损效果加剧，导致刀圈后部磨损严重，最终出现磨尖，如图 8.5 所示。滚刀刀圈磨尖后，其破岩能力将会明显降低，在挤压破岩过程中，

图 8.5　滚刀刀圈磨尖示意图[10]

由于割槽较小，裂纹无法拓展相交，破岩不均匀，极易出现明显的"岩脊"现象，导致后续的切刀接触岩面异常损伤及滚刀侧向挤压破坏等。

3）刀圈崩裂

刀圈崩裂主要体现为滚刀刀圈上产生的裂纹，即部分裂纹和贯穿裂纹。刀圈崩裂也是在复杂地层中盾构掘进比较常见的磨损形式，如图 8.6 所示。产生滚刀刀圈崩裂的原因主要包括以下几方面。

（1）地层突变：典型的上软下硬地层，由砂土向硬岩转换时，滚刀与岩块相互作用产生较大的瞬时荷载，刀圈提高耐磨性后材质较脆，因此极易发生断裂损伤。

（2）脱落的岩块与刀具碰撞：盾构在复杂地层中掘进时，地层开挖会产生部分较大未破碎的岩块或石块，也可能存在螺栓脱落或刀具断裂掉落，这些强度高、材质硬的脱落块与现有滚刀产生接触碰撞作用，进而导致刀圈崩裂损伤。

（3）制造或运输：部分国产刀具在生产过程中，刀圈和刀体过盈量较大导致刀圈易崩裂；运输过程中安全保护不当也可能是崩裂的原因[11]。

图 8.6 滚刀刀圈崩裂示意图[10]

4）刀圈崩块

刀圈崩块主要体现为刀圈刃边上掉落部分块体，如图 8.7 所示。产生刀圈崩块的原因与刀圈崩裂类似，主要原因也是地质突变和脱落的岩块与刀具碰撞作用。

5）刀体破损

刀体破损主要体现为刀具主体部分破损，如图 8.8 所示。刀体破损标志着整体刀具的破损，无法继续使用。刀体破损的主要原因是地层复杂，碰撞、磨损情况较为严重，刀具磨损未及时更换也可能导致刀体破损。

图 8.7　滚刀刀圈崩块示意图[10]

图 8.8　滚刀刀体破损示意图[10]

6）刀圈卷刃

刀圈卷刃主要体现为刀圈的刃边卷起，如图 8.9 所示。发生刀圈卷刃的原因是地层硬度太高、刀圈的材料硬度不够、刀盘的推力太大等。

图 8.9　滚刀刀圈卷刃示意图[10]

7）轴承密封失效

轴承是滚刀结构上重要且薄弱的部位。正常的轴承使用寿命可以达到 900h，但是在盾构机工作过程中多种原因会导致轴承的突然损坏，如图 8.10 所示，主要损坏形式为轴承与刀体剥离、保持架的破坏等，轴承密封失效体现为刀具漏油，原因是刀具轴承受荷过载。当地质突变或刀具高差过大时，会导致刀具过载，刀具轴承圆锥滚子承载端剥落，从而密封失效，轴承漏油；当盾构在硬岩、上软下硬地层及砂卵石地层中掘进时，碎块或大粒径的石块对盾构产生冲击碰撞作用，也会造成轴承端盖密封处失效。

图 8.10　滚刀轴承损坏及漏油示意图[10]

2. 盾构切刀磨损及损伤类型

切刀在盾构掘进过程中会产生磨损，主要包括均匀磨损、刀刃崩裂、刀体断裂和刀具掉齿等。

1）均匀磨损

均匀磨损是切刀在掘进过程中与岩土体相互接触作用所产生的较为均匀的磨损形式，同一区域的磨损量基本一致，如图 8.11 所示。均匀磨损是盾构正常掘进过程中出现比较常见的磨损现象。

2）刀刃崩裂

盾构在硬岩和上软下硬地层中掘进时，由于先行刀或滚刀磨损较大，切刀可能直接与岩面相互作用，外圈切刀线速度过大（转速过快或盾构直径过大），导致切刀瞬时受力突然增大，冲击作用导致刀刃崩裂；在硬岩地层中掘进时，切刀的贯入度过大会导致刀刃崩裂；在砂卵石或大粒径漂卵石地层中掘进时，由于碎石在刀盘前方做不规则运动，与刀具产生碰撞作用，也会产生刀刃崩裂，如图 8.12 所示。

图 8.11　切刀正常磨损示意图[10]

图 8.12　切刀刀刃崩裂示意图[10]

3) 刀体断裂

刀具材质硬度较大，脆性过大，盾构在较硬地层中掘进时可能会导致刀体断裂，如图 8.13 所示。刀具贯入度太大、大石块的卡机等是刀体断裂的主要原因。

4) 刀具掉齿

盾构切刀的前端一般会焊接合金齿，提高盾构切刀的耐磨性以保证其寿命，焊接工艺的不规范和硬石块的碰撞作用可能会导致盾构切刀掉齿，如图 8.14 所示。

目前研究较为深入并且有一定规律可循的磨损机理主要有磨粒磨损机理、黏着磨损机理以及疲劳磨损机理等[12]。微观形态上，参照摩擦学理论，根据表面作用方式、表面层变化和破坏形式的不同，可以将磨损分为磨粒磨损、黏着磨损、疲劳磨损和腐蚀磨损四种典型类型[13]。

图 8.13　切刀刀体断裂示意图[10]

图 8.14　切刀刀具掉齿示意图[10]

（1）磨粒磨损：是指外界硬颗粒或者对磨表面颗粒棱角、颗粒粗糙面等硬凸起物在摩擦过程中引起表面材料塑形变形脱落的现象[14]，常表现为表面犁沟和微观切削。

（2）黏着磨损：是指滑动摩擦时摩擦副接触面局部产生金属黏着，黏着处又在相对滑动中被破坏，拉拽下来金属屑粒或擦伤表面的现象[14]，常表现为表面麻点和凹坑。

（3）疲劳磨损：是指表面存在粗糙峰和波纹度，接触不连续，导致摩擦过程中接触峰点受周期性荷载作用，从而产生疲劳磨损。按照磨屑和疲劳坑的形状，可将疲劳磨损分为磷剥和点蚀两种，因此疲劳磨损又称为点蚀磨损。磷剥磨屑呈片状，凹坑浅而面积大；点蚀磨屑多为扇形颗粒，凹坑为许多小而深的麻点[15]。

（4）腐蚀磨损：是指材料因摩擦作用与摩擦副或其他外界物质发生化学反应，并在摩擦作用下造成材料损失的现象。

8.2.2 盾构刀具开挖模型

1. 盾构滚刀磨损机制

对于盘形滚刀侵入岩体产生破碎的机理，目前存在三种不同的理论：①楔块作用引起的剪切破坏；②岩石在盘形滚刀楔块的作用下产生径向裂纹，裂纹扩展到岩体自由表面而破坏，或者相邻两把滚刀产生的裂纹相互交错而引起岩石的破碎；③盘形滚刀侵入并滚压岩石时，岩石破坏过程属于几种强度理论的组合，包括挤压破坏、剪切破坏和裂纹扩展张拉破坏，一种为主，其他为辅，单用一种强度理论很难全面地解释盾构滚刀磨损机理。以上三种盘形滚刀的破岩理论均假定岩石是均质且具有各向同性的，而实际上自然界中的岩石材料是复杂的，岩石内部存在节理、破碎、残余应力、渗水以及微裂纹等缺陷，这些缺陷对岩石破坏有十分重要的影响[3]。下面分别对几个比较常见且较成熟的理论模型加以分析。

1）科罗拉多矿业学院破岩模型

美国科罗拉多矿业学院（Colorado School of Mines，简称 CSM）的 Levent Ozdemir、Russell Miller 和 Fun-den Wang 提出盘形滚刀破岩属于剪切和张拉破坏，岩石在受到盘刀正向碾压作用的同时，滚刀侧面也会对两侧的岩石产生挤压作用，因此滚刀的垂直推力 F_V 可分为刀刃下压碎岩石的作用力 F_{V1} 和相邻滚刀侧面岩石挤压作用力 F_{V2}，此理论认为滚刀与岩石表面的接触面是三角形，接触面面积 A 为

$$A = R\phi h \tan\theta = R^2\phi(1-\cos\phi)\tan\theta \tag{8.1}$$

将 $h = R(1-\cos\phi)$ 代入式（8.1），则有

$$F_{V1} = A\sigma_c = \sigma_c R^2\phi(1-\cos\phi)\tan\theta \tag{8.2}$$

$$F_{V2} = 2TR\phi(S-2h\tan\theta)\tan\theta \tag{8.3}$$

式中，R 为盘形滚刀半径；ϕ 为盘刀接岩角；θ 为盘形滚刀刃角；σ_c 为岩石单轴抗压强度；S 为相邻滚刀间距；T 为滚刀刀尖宽度；h 为贯入度。

因此，盘形滚刀所受的垂直推力 F_V 为

$$F_V = F_{V1} + F_{V2} = \sigma_c R^2\phi(1-\cos\phi)\tan\theta + 2\tau R\phi(S-2h\tan\theta)\tan\theta \tag{8.4}$$

将 $\cos\phi = \dfrac{R-h}{R}$，$R\phi = \sqrt{2Rh}$ 代入式（8.4），整理得

$$F_V = \sqrt{2Rh^3}\left[\frac{4}{3}\sigma_c + 2\tau\left(\frac{S}{h} - 2\tan\theta\right)\right]\tan\theta \tag{8.5}$$

滚动力 F_R 为垂直推力 F_V 与切割系数 C 的乘积，其中 $C = \tan\beta = \dfrac{(1-\cos\phi)^2}{\phi - \sin\phi\cos\phi}$，

故滚动力 F_R 为

$$F_R = CF_V = \left[\sigma_c h^2 + \frac{4\tau\phi h^2 (S - 2h\tan\theta)}{D(\phi - \sin\phi\cos\phi)} \right] \tan\theta \tag{8.6}$$

2）东北工学院理论破岩模型[16]

东北工学院理论破岩模型认为滚刀侵入岩石在自由面上形成的破碎面的实际轮廓是不规则的，可看成是两条抛物线围成面积的 1/2，则有

$$A = \frac{4}{3} h \sqrt{R^2 - (R-h)^2} \tan\frac{\varphi}{2} \tag{8.7}$$

式中，φ 为岩石的破碎角，仅与岩石性质、自由面形状和数量有关，与刀具参数和荷载大小无关，一般 φ 取为135°～160°，因此有

$$F_V = \frac{4}{3} k_d \sigma_c h \sqrt{R^2 - (R-h)^2} \tan\frac{\varphi}{2} \tag{8.8}$$

式中，k_d 为滚压换算系数，可以通过试验确定，一般 k_d 取为 0.4～0.7，硬岩取较大值，软岩则取较小值。

滚动力 F_R 为滚刀压入岩石的强度与产生的漏斗坑在滚动方向上投影面积 S_1 的乘积：

$$F_R = mk_d \sigma_c S_1 = mk_d \sigma_c h^2 \tan\frac{\varphi}{2} \tag{8.9}$$

式中，m 为换算系数，与岩石自由面条件和形状有关。对于光面岩石，m 为2.0～2.5；对于毛面岩石，m 为0.18。

3）华北水电学院模型[17]

华北水电学院模型是由茅承觉等提出的，经过现场观测，实验室滚刀直线、回转切割岩石试验和压痕试验，认为隧道掘进机（tunnel boring machine，TBM）盘形滚刀破岩是挤压、剪切以及张拉等综合作用产生的结果。通过压痕试验发现，盘形滚刀的垂直推力 F_V 与滚刀切深 P 之间的关系为

$$F_V = \frac{KA_1}{P_t^2} P \tag{8.10}$$

式中，A_1 为压痕试验得到的 F_V-P 曲线下的面积，可由求积仪得到，mm^2；P_t 为实际的最终切深，mm；K 为测量系统坐标记录仪标定值，N/m。

4）上海交通大学预测模型[18]

上海交通大学预测模型认为，盘形滚刀和岩石之间的相互作用可等效为两个圆柱体间的相互挤压，其接触为线接触，可根据赫兹公式推导出垂直推力 F_V 与挤压应力 σ_j 之间的关系，即

$$\sigma_j = 0.418 \sqrt{\frac{F_V E_X}{S r_X}} \tag{8.11}$$

式中，E_X 为换算弹性模型；r_X 为换算接触半径，表达式分别为

$$E_X = \frac{2E_1 E_2}{E_1 + E_2} \tag{8.12}$$

$$r_X = \frac{1}{\dfrac{1}{r_1} + \dfrac{1}{r_2}} \tag{8.13}$$

式中，E_1 为岩石弹性模量；E_2 为刀刃材料的弹性模量。

在这个问题中，r_1 为刀刃圆角半径，r_2 为岩体表面半径，$r_2 \to \infty$，因此 $r_X = r_1$；根据几何关系，$S_2 = \sqrt{Dh}$（S_2 为弦长），令 $k = \dfrac{{k_a}^2}{0.35}$，$k_a$ 为三轴应力状态下岩石抗压强度与单轴抗压强度之比。因此，盘形滚刀垂直推力 F_V 为

$$F_V = k r_1 \frac{E_1 + E_2}{E_1 E_2} \sqrt{Dh}\, \sigma_c^2 \tag{8.14}$$

式中，D 为滚刀刀圈外径；h 为滚刀沿垂直于岩石表面方向的给定切深；σ_c 为岩石的单轴抗压强度；k 为按实际测得数据统计确定的系数。

侧向力 F_s 为

$$F_s = \frac{F_V}{2 \tan \dfrac{\theta}{2}} \tag{8.15}$$

滚动力 F_R 为

$$F_R = F_V \left(\sqrt{\frac{h}{D}} + \mu \frac{d}{D} \right) \tag{8.16}$$

式中，μ 为摩擦系数，一般取 $\mu = 0.02$；d 为刀轴直径。

2. 盾构切刀磨损机制

切刀磨损与其切削机理和受力等密切相关。在研究切刀磨损问题之前，需要先了解切刀在盾构掘进中的切削方式、受力大小和运动特点[2]。

目前，盾构常用刀具的开挖方式主要有三种，即切削式、挠取式和破碎式。切削式是先利用刀刃和刀具前刃面对砂土施压，当砂土受到的剪切力达到极限破坏应力时发生剪切变形，顺着刀刃方向与整体发生分离，然后在刀具前刃面的推挤作用下成为松散的土屑，最后沿刀具前刃面流出，循环往复完成切削和装载过程，实现土体开挖[19]。

　　渣土的破坏形态有流水型、剪切型、断裂型和剥落型四种，如图8.15所示。渣土的破坏形态受多方面的影响，并且可能随外界条件变化发生状态转换[20]，影响因素主要有地层条件、刀具设计参数、刀具切削速度以及切削深度等。在砾砂和砂卵石地层中，切刀对渣土的破坏常为剥落型。

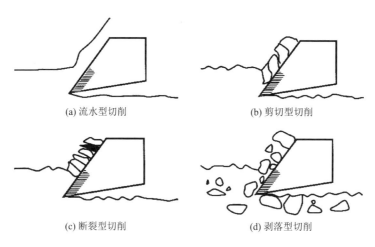

(a) 流水型切削　　　　　　　　　　　(b) 剪切型切削

(c) 断裂型切削　　　　　　　　　　　(d) 剥落型切削

图 8.15　切削土体流动模型示意图

　　国内外均发生过盾构施工中刀具磨损事故，包括切刀整体磨掉、齿刀的合金块碰落、刮刀发生磨平和崩断、滚刀产生超磨和偏磨等[21]。

　　切刀的正常磨损是指由于切刀受到土体中硬质颗粒的摩擦接触作用，切刀表面出现材料损失或残余变形的均匀磨损现象[22]，包括刀刃直接切削原状土体的二体磨损和切削下来的扰动土体对切刀的三体磨损，在组成较为单一均匀的砂性地层中，切刀主要发生正常磨损，其中二体磨损为主要磨损[23]。磨损失效的特点是刃口的宽度逐渐增加，影响切削效率，将刀具取下换上新刀刃后可继续使用。磨损程度在实际中以刀刃厚度减少量进行表征。

　　切刀的非正常磨损通常是由切削过程中突然的碰撞、冲击等强相互作用，以及刀具安装强度不足导致的。刀具的非正常磨损不容易定量描述，具体表现为刃体部分脱离的刀刃崩断现象和刃体整体脱离的刀刃脱落现象。

　　在盾构掘进过程中，磨损按照在刀具上发生的部位不同可分为三种形态[24]，如图8.16所示。对于磨损发生的部位，刀刃的前刃面和后刃面都会产生不可避免的磨损，只是程度不同。

　　刀具的磨损具有逐渐发展的规律，一般而言，刀具从磨损到损坏的发展过程可看成三个主要阶段，即初期磨损、正常磨损和急剧磨损[25]，各阶段发展情况如图8.17所示。

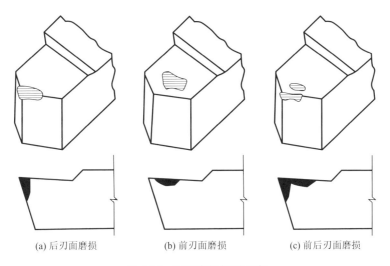

(a) 后刃面磨损　　　　　(b) 前刃面磨损　　　　　(c) 前后刃面磨损

图 8.16　刀具磨损位置形态

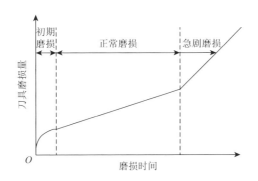

图 8.17　刀具磨损发展典型曲线

其中，初期磨损阶段主要磨掉刀具表面凹凸不平的部分，历经时间较为短暂。正常磨损阶段发生在刀具表面小凸起被磨掉的基础上，刀具与土体的接触更加紧密，发生大范围的均匀磨损。在急剧磨损阶段发生不均匀的快速磨损。刀具磨损发展到急剧磨损阶段时，磨损急剧加快，随时有崩刃风险，因此应主动换刀，避免对刀盘及刀具造成不可修复的破坏。

8.2.3　盾构刀具损伤机理

本节主要针对磨损微观过程中的物理、化学和生物作用进行探讨。目前，国内外的研究学者根据金属磨损的微观机理，将磨损分为黏着磨损、磨粒磨损、疲劳磨损和腐蚀磨损。

1. 黏着磨损

黏着磨损是指两个相对滑动的表面在摩擦力的作用下，由于表面微观不平整凸起的局部压力超过材料的屈服强度而发生塑性变形，进而产生胶合作用，外力克服结合力，相对滑动的表面继续运动，发生金属转移现象，产生宏观上的刀具磨损。根据磨损程度，黏着磨损可以分为涂抹、擦伤、黏焊、咬卡四类[26]。摩擦表面的黏着现象主要是界面上原子和分子结合力作用的结果，同时受许多宏观效应的影响。在垂直荷载作用下，摩擦副之间的黏着结点作用面为圆，微凸体产生的磨屑为半球形。

2. 磨粒磨损

磨粒磨损是刀具表面被岩土体中硬质矿物颗粒侵蚀的过程。盾构刀具在刀盘向前选择顶进时，刀具在与土体相互作用的过程中接触面产生很大的摩擦力。磨粒磨损分为以下两种情况：

（1）二体磨粒磨损。当刀具的运动方向与矿物颗粒的移动方向近似平行时，刀具与磨粒之间的相互作用应力水平较低，刀体表面产生微小的擦痕或划伤，常发生在砂砾混合土体中，刀具切削镶嵌在土体中的小粒径砾石，进而发生土体松落，如图 8.18 所示。

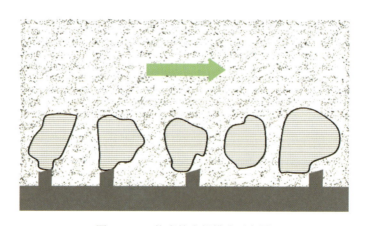

图 8.18　二体磨粒磨损模式示意图

（2）三体磨粒磨损。在刀具磨损过程中，表面脱离的金属颗粒或坚硬的矿物颗粒被夹在刀具和土体之间会对刀具表面产生较高的接触应力，使表面金属材料发生塑性变形或疲劳，进而加剧金属材料的脱离，主要发生在包含大粒径卵砾石的混合开挖面中，如图 8.19 所示。

图 8.19　三体磨粒磨损模式示意图

岩土体自身的硬度相较于金属刀具虽然较低，但是砂性土体中存在大量的以石英矿物为主的硬度很高的微小颗粒，刀具表面在这些硬质颗粒挤压摩擦作用下留下沟纹。盾构刀具在切削砂性地层时最主要的就是磨粒磨损。

3. 疲劳磨损

疲劳磨损是指零件表面的材料发生剪切或者撕裂，导致材料表面质量进一步恶化，一般这种情况是滚动和滑动联合作用的结果。典型的表面疲劳磨损是裂纹发源于零件材料的亚表面某处，并且向着材料的表面进行扩展，最终导致材料表面产生剥离，这种疲劳磨损的过程通常称为点蚀磨损。

4. 腐蚀磨损

腐蚀磨损是指材料由于摩擦作用，两摩擦副出现化学反应，或材料与外界其他物质发生化学反应并在摩擦作用下导致材料损失的过程。

8.3　盾构刀具磨损预测模型

8.3.1　刀具磨损计算模型

1. 磨粒磨损

Rabinowicz 等[27]早期提出了简单的磨粒磨损计算模型，以二体磨粒磨损为例推导以切削作用为主的磨粒磨损的定量计算公式，其微观模型如图 8.20 所示。

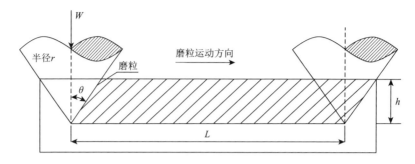

图 8.20　磨粒磨损微观模型

磨粒磨损简单计算模型需要满足的假设条件为：①微观切削机理；②金属材料的受压屈服强度不变；③微观磨粒为相同的圆锥体。

假定在法向荷载 W 的作用下，半角为 θ 的磨料锥体压入被磨材料的深度为 h，锥体在切向力的作用下滑动距离为 L，已知被磨材料在锥体上的截痕是一个直径为 $2r$ 的圆，被磨材料的布氏硬度为 H。

由布氏硬度的定义可知

$$W = H\pi r^2 \tag{8.17}$$

变换式（8.17）可得

$$r^2 = \frac{W}{\pi H} \tag{8.18}$$

在盾构掘进过程中，随着刀盘的旋转，切刀前刃面磨损体积为磨料磨削沟槽截面积与切刀运动长度的乘积，则滑动距离为 L 时的磨损体积（磨损量） $V_{磨粒}$ 为

$$V_{磨粒} = rhL = r^2 L \cot\theta = \frac{WL \times \cot\theta}{\pi H} \tag{8.19}$$

实际上，不是所有磨粒均参与切削，也不是所有磨粒切削产生的沟痕形状大小均相同，考虑到与假设条件不符的偏差概率，引入常数磨损率 k_1。用磨粒磨损系数 K_a 取代所有常数项，则实际磨粒磨损量可表示为

$$Q_{磨粒} = k_1 V_{磨粒} = \frac{k_1 WL \cot\theta}{\pi H} = K_a \frac{WL}{H} \tag{8.20}$$

式中，K_a 为磨粒磨损系数；H 为被磨材料布氏硬度，此处为刀具材料硬度；L 为磨料滑动距离；W 为磨料磨损表面所受法向荷载。

2. 黏着磨损

Bowden 等[28]通过系统的研究建立了较为完善的黏着磨损理论，同时 Archard[29]对黏着磨损计算模型进行了深入研究，但至今也没有得出完全统一且准确的结论。Archard 提出的黏着磨损计算模型得到了较多国家学者的认可。

Archard 提出的黏着磨损计算模型，假设刀具材料的受压屈服强度保持不变，在微凸体上作用法向荷载 W，摩擦副之间的黏着点作用面为以 a 为半径的圆，则每个黏着点作用面的接触面积为 πa^2，其计算模型简图如图 8.21 所示。

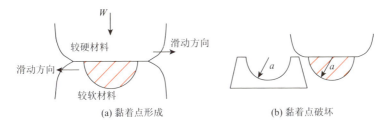

(a) 黏着点形成　　　　　　(b) 黏着点破坏

图 8.21　黏着磨损微观模型

微凸体上承受的法向荷载 W 表示为

$$W = \pi a^2 \sigma_s \tag{8.21}$$

式中，σ_s 为屈服强度。

变换式（8.21）可得

$$\sigma_s = \frac{W}{\pi a^2} \tag{8.22}$$

当两种材料表面产生相对滑动时，每个黏着点上脱离的磨屑颗粒是半球体；当滑动距离为 L 时，磨损体积 $V_{黏着}$ 可用式（8.23）表示：

$$V_{黏着} = \frac{2\pi a^3 / 3}{2a} L = \frac{\pi a^2 L}{3} = \frac{WL}{3\sigma_s} \tag{8.23}$$

同样考虑到与假设条件不符的偏离概率，在式（8.23）中加入磨损概率因素，引入常数磨损率 k_2（$k_2 \leqslant 1$）。硬度和强度有一定的关系，一般来说，硬度越高，材料强度越大，硬度和强度存在一定的比例关系。用黏着磨损系数 K_b 取代表达式中所有常数项，则实际黏着磨损量可表示为

$$Q_{黏着} = k_2 V_{黏着} = k_2 \frac{WL}{3\sigma_s} = K_b \frac{WL}{H} \tag{8.24}$$

8.3.2　盾构切刀磨损预测模型

已知盾构切刀的磨损主要由磨粒磨损和黏着磨损组成，其他类型磨损占比较小，可忽略不计，则切刀磨损总体积 Q 为

$$Q = Q_{黏着} + Q_{磨粒} = (K_a + K_b)\frac{WL}{H} = K\frac{WL}{H} \tag{8.25}$$

式中，K 为磨损系数；H 为被磨材料布氏硬度；L 为磨料滑动距离；W 为磨料磨损表面所受法向荷载。

式（8.25）表明，在一定条件下，刀具材料的磨损体积与外界法向压力、磨粒滑过的相对长度以及刀具材料硬度有关，即单位时间内刀具磨损量与施加的法向压力和磨粒相对速度成正比，与刀具材料硬度成反比。

由切削机理的分析可知，切刀发生磨损的主要部位是前刃面。本节通过公式推导计算切刀前刃面的磨损质量，用前刃面磨损质量代表整个切刀的磨损质量。建立切刀在砂性地层中的磨损质量预测模型，并对表达式所含参数进行单一变量分析。

利用已推导出的磨损体积计算公式（式（8.26））、切刀前刃面所受法向力计算公式（式（8.27））和切刀运动总长度计算公式（式（8.28））计算切刀前刃面磨损质量。

表面磨损体积 Q 计算公式为

$$Q = K\frac{NS}{H} \tag{8.26}$$

式中，N 为磨损表面所受法向荷载，即切刀前刃面所受法向力 N_0；S 为刀具切削长度；H 为被磨材料布氏硬度，此处为刀具材料硬度。

切刀前刃面所受法向力 N_0 计算公式为

$$N_0 = \frac{pl\cos\delta(-\sin\theta - \mu_1\cos\theta) - pl\sin\delta(\cos\theta - \mu_1\sin\theta)}{(\cos\alpha - \mu_0\sin\alpha)(-\sin\theta - \mu_1\cos\theta) - (\sin\alpha + \mu_0\cos\alpha)(\cos\theta - \mu_1\sin\theta)}$$

$$\tag{8.27}$$

式中，p 为切断土体侧面承受的土压力；l 为土压力作用于切断土体侧面的长度；μ_1 为切刀与邻近砂土之间的摩擦系数；δ 为刀具后刃面与切削面之间的夹角。

切刀运动总长度 S 计算公式为

$$S = \frac{L}{v}\sqrt{\omega^2 R_i^2 + v^2} \tag{8.28}$$

式中，v 为盾构沿隧道开挖方向的掘进速度；ω 为盾构刀盘开挖旋转角速度；R_i 为切刀在刀盘上的安装半径。

将式（8.27）和式（8.28）代入式（8.26），并与切刀刀刃材料密度 ρ 相乘，可计算出切刀前刃面磨损质量 M 为

$$M = \rho\frac{K}{H}\frac{L}{v}\frac{\sqrt{\omega^2 R_i^2 + v^2}[pl\cos\delta(-\sin\theta - \mu_1\cos\theta) - pl\sin\delta(\cos\theta - \mu_1\sin\theta)]}{(\cos\alpha - \mu_0\sin\alpha)(-\sin\theta - \mu_1\cos\theta) - (\sin\alpha + \mu_0\cos\alpha)(\cos\theta - \mu_1\sin\theta)}$$

$$\tag{8.29}$$

式中，K 为磨损系数，其受实际工程具体刀盘及刀具结构设计、地质条件等影响；L 为盾构掘进距离。

盾构切刀磨损预测模型主要针对盾构在砂性地层中掘进，以刀具前刃面磨损为主的切刀磨损质量估算。

8.4 渣土磨蚀特性试验研究

盾构刀具磨损主要是金属刀具与开挖岩土体相互接触作用造成刀具表面材料损失的现象，地层性质对其影响较大。Plinninger 等[30]定义岩石或土体颗粒造成刀具磨损的能力为磨蚀特性。已有学者通过对硬质岩石磨蚀性进行室内试验测量，定义指标来表征岩石磨蚀特性，并用于预测在硬质岩石条件下刀具的工作寿命。本节通过自制砂土磨蚀试验装置研究和分析渣土含水率、上覆土压力和石英颗粒含量对刀具磨损的影响。

8.4.1 试验装置

松散砂土的土体颗粒形态、粒径、级配等存在复杂的组合性，其与硬质岩石在结构上存在巨大差异，因此已有的岩石磨蚀性测试装置不能直接用于砂土磨蚀性测量。已有的砂土磨蚀性试验装置多存在密闭性差、难以模拟封闭土压力等缺陷，因此有必要研制一种可以测量砂性土磨蚀特性的试验装置，以满足在封闭的试验环境中，对砂性土体的原状土磨蚀特性进行评价，装置整体示意图如图 8.22 所示。

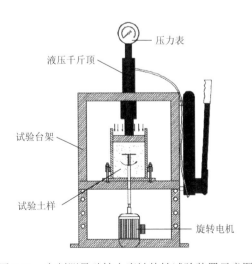

图 8.22 自制测量砂性土磨蚀特性试验装置示意图

8.4.2　渣土含水率对渣土磨蚀特性的影响研究

　　砂性地层中水的存在不仅会影响砂土的强度、流动破坏形态，还会影响砂土与刀具表面接触的顺滑程度，因此湿度环境对刀具磨损过程有很大的影响。同时，在影响砂土磨蚀性的各地质参数中，含水率可通过向切削地层注水或抽水进行人为改变，以达到土体改良的目的，因此对砂土含水率影响规律的研究具有实际应用价值。

　　在相同环境下，土压力分别设置为 0MPa、0.05MPa、0.1MPa、0.15MPa、0.2MPa、0.25MPa、0.3MPa、0.35MPa、0.4MPa，研究含水率分别为 0%、2%、4%、6%、8% 时，不同土压力下砂土磨损质量与含水率的关系，如图 8.23 所示。

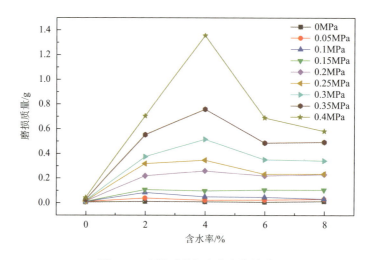

图 8.23　磨损质量与含水率的关系

　　由图 8.23 可以看出，含水率与磨损质量的变化曲线总体形状呈现出变形的"N"字形。含水率从 0% 增加至 8% 的过程中，磨损质量随着含水率的增大，呈现出先单调递增再单调递减的趋势，在含水率为 4% 时达到峰值，最终趋于稳定。由图还可以看出，土压力越大，磨损质量的峰值越大。水在砂土地层中主要有两方面的作用。一方面，水对土颗粒具有表面润滑和加速重排列的效果，同时孔隙水也有助于土压的均匀传递，三方面作用帮助土颗粒快速压实压密，进而加剧刀具磨损；另一方面，填充在土颗粒间的水作为一种可变形介质，可缓冲土体颗粒与试盘之间的接触压力，代替砂土填充于土颗粒与刀具之间，减小两材料间的界面摩擦力，进而降低刀具磨损。因此，水在砂土地层中兼具增加力具磨损和减小力具磨损的双重作用。

8.4.3　上覆土压力对渣土磨蚀特性的影响研究

在不同的含水率工况下，通过液压千斤顶向试验腔体内砂土分别施压 0MPa、0.05MPa、0.1MPa、0.15MPa、0.2MPa、0.25MPa、0.3MPa、0.35MPa 和 0.4MPa，试验中忽略试验腔体内砂土因重力对试件圆盘施加的额外压力。不同含水率工况下，磨损质量与土压力的关系如图 8.24 所示。

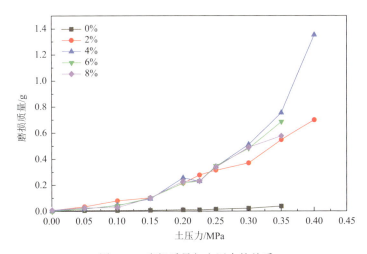

图 8.24　磨损质量与土压力的关系

液压千斤顶的压力由钢盖向砂土传递，转化为土压力，再通过砂土颗粒重重传递，最终施加到转动的试件铝盘上。液压千斤顶压力越大，桶内砂土的土压力越大，施加到试件铝盘表面的正应力越大。高地层应力极大推动了土体颗粒的重排列和压实，使接触到被磨材料表面的土颗粒增多。因此，随着土压力增大，表面正应力增大，磨损颗粒数量增多，磨损强度和磨损概率均随土压强度增大，导致相同条件下，土压力越大，砂土磨蚀性越强。

8.4.4　石英颗粒含量对渣土磨蚀特性的影响研究

土体硬度一般低于刀具的硬度，但其中存在一些硬度较高的微小颗粒，这些硬颗粒会对刀具的材料表面产生切削破坏，硬颗粒的主要成分为二氧化硅、三氧化二铝以及其他一些硬质岩石颗粒，它们统称为磨蚀性颗粒。石英是由二氧化硅组成的矿物，石英块又称硅石，常作为生产石英砂的原料。纯质石英无色透明，当其含有少量杂质时，呈现出半透明或不透明的晶体状态。常见矿物莫氏硬度如表 8.2 所示，石英的硬度为 7，质地坚硬。磨损质量与石英含量的关系如图 8.25 所示。

表 8.2　常见矿物莫氏硬度

矿物种类	莫氏硬度	矿物种类	莫氏硬度
滑石	1	正长石	6
石膏	2	石英	7
方解石	3	黄玉	8
萤石	4	刚玉	9
磷灰石	5	金刚石	10

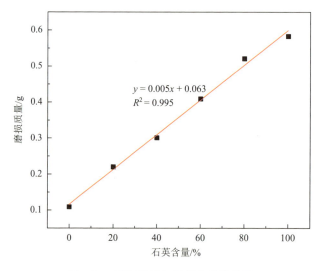

图 8.25　磨损质量与石英含量的关系

8.5　渣土改良剂减磨技术

8.5.1　渣土改良剂减磨原理

渣土改良剂（发泡剂）是一种气-液二相膜结构，包裹有气体，密度小。发泡剂的加入使得土体变为一种蓬松状态，对不同泡沫注入率下的改良砂卵石土体进行松散密度测试，改良效果对比如图 8.26 所示。由图可见，发泡剂的注入使得砂卵石土体的密实度下降。

(a) 无发泡剂注入　　　　　　　　　　　(b) 泡沫注入率为25%

图 8.26　地层发泡剂改良效果对比

发泡剂的减磨作用机制具体如下。

（1）减压：注入的发泡剂可对高压提供缓冲，起泡后的泡沫广泛分布于土体中，利用自身受力变形的柔性特点缓冲土颗粒之间的接触力和摩阻力，使砂土体更易扰动，流塑性更强。同理，泡沫也填充于刀具与土颗粒之间，将硬接触转化为软接触，减少刀具与土颗粒的接触力和摩阻力。

（2）改变土体密实度：密实度与土体的磨蚀特性有很大关系。通过对不同泡沫注入率下改良砂卵石土体的松散密度观察可知，随着泡沫注入率的增加，改良砂卵石土体密实度降低。这说明单位时间内作用在刀具表面的土体颗粒减少，取而代之的是部分强度小、可压缩变形的泡沫体，从而大大缓解了刀具与土体之间的相互作用，如图 8.27 所示。

（3）改变润滑和接触模式：发泡剂是一种表面活性剂，其具有比水更好的润滑效果。起泡后的泡沫是一种气-液二相膜结构，存在于土体之间，土体在受力发生运动时压缩泡沫。由于泡沫是一种膜结构，具有可压缩变形的特性，起到缓冲气垫的作用，缓解颗粒之间的直接接触，从而将"颗粒-颗粒"的点对点"硬"接触模式改变为"颗粒-泡沫-颗粒"的"软"接触模式，降低土体摩阻力；将"颗粒-刀具"之间的"硬"接触模式改变为"颗粒-泡沫-刀具"的"软"接触模式，降低土体颗粒与刀具之间的接触应力。

（4）降温：高温会增大刀具的磨损。刀具因与土颗粒摩擦而产生的热量，部分被源源不断产生的新鲜泡沫带走，降低刀具表面的温度。因此，可以通过注入泡沫来改善工作条件，减轻砂土对刀具表面造成的磨损。

因此，泡沫的加入可以同时降低砂卵石的黏着磨损和冲击磨损。

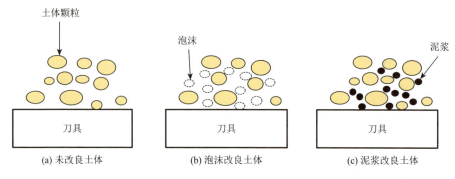

图 8.27　发泡剂改良示意图

8.5.2　泡沫微观起泡机理

气泡是气-液二相体，密度低，产生后会发生上浮，与空气接触后，形成闭合的泡沫膜结构，并形成稳定的气泡，大量泡沫聚集接触。根据泡沫气体和液体体积比，可将泡沫微观起泡过程分为湿泡沫和干泡沫两个阶段。在湿泡沫阶段，液体体积分率为 10%～20%，气体含量低于 74%，该阶段由于液体体积分率较高，气泡呈现球形，又称球形泡沫；在干泡沫阶段，液体体积分率小于 10%，气体体积含量大于 74%，该阶段由于气体体积分率较高，气泡形成稳定的多面体形状，又称多面体泡沫。

8.5.3　发泡剂对磨损量的影响

根据试验结果，绘制砂土泡沫改良后切刀磨损质量与安装半径的关系曲线，如图 8.28 所示。

由图 8.28 可见，在注入改良泡沫后，变化规律未改变，即切刀磨损质量随安装半径的增大而增大，且近似呈线性增长。在相同安装半径下，背土刀具比迎土刀具的磨损更为严重，且安装半径越大，差距越明显。但迎土切刀的拟合直线斜率由改良前的 0.0075 下降到改良后的 0.0053，背土切刀的拟合直线斜率由改良前的 0.0026 下降到改良后的 0.0019，泡沫改良降低了切刀磨损质量随安装半径增大的增长速率，达到了一定的减磨效果。

为了进一步验证泡沫改良能有效减缓砂性地层中切刀的磨损，对改良前迎土切刀、改良前背土切刀、改良后迎土切刀和改良后背土切刀的磨损情况进行对比，如图 8.29 所示。由图可见，向砂土中注入发泡剂有较明显的减磨作用，尤其是对于迎土切刀，能有效减磨近 40%；对于背土切刀，能有效减磨近 30%。

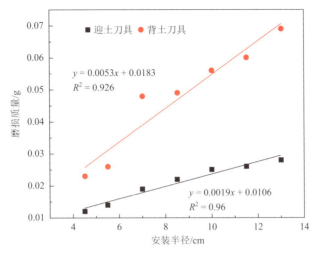

图 8.28　改良后切刀磨损质量与安装半径的关系曲线

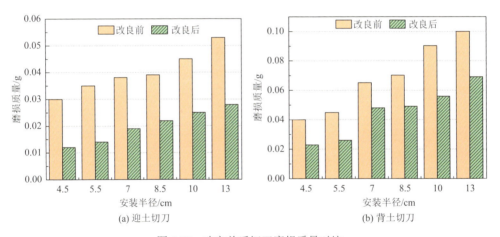

图 8.29　改良前后切刀磨损质量对比

8.5.4　泡沫改良微观效果

在地层中加入不同含量的发泡剂，对刀具表面进行微观观测，发泡剂加入前后在同样的安装半径下刀具表面的磨损程度存在明显差异，对土层进行改良后，刀具表面磨损现象有所改善。

在加入发泡剂前，刀具表面磨损较为严重，具有明显的麻点和犁沟，且犁沟深度较大，图 8.30（a）中红色圈出部位为犁沟较深处；相较而言，加入发泡剂后麻点数量和犁沟数量明显减少，且犁沟深度较浅（图 8.30（b））。对于磨损区域，加入发泡剂前后差异较大，加入发泡剂后刀具棱角部位磨损情况有所改善。

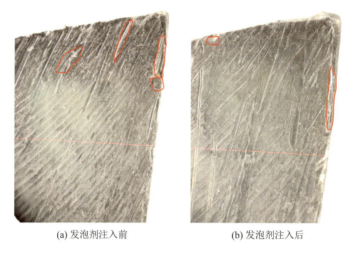

(a) 发泡剂注入前   (b) 发泡剂注入后

图 8.30　发泡剂注入前后刀具表面磨损微观图（30 倍）

　　在任意安装半径下，迎土面、背土面发泡剂注入后对切刀磨损质量均具有降低效果，如图 8.31 所示。其本质原因在于注入发泡剂可以降低土体磨蚀性，达到相对理想状态；注入发泡剂还可以起到润滑效果，使土体与刀具之间的摩擦力减小，从而达到降低磨损质量的效果。

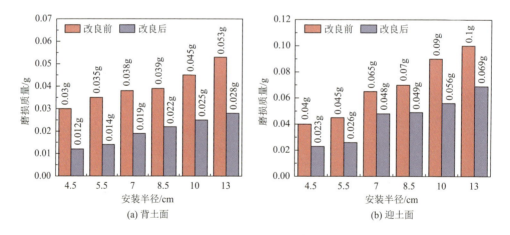

图 8.31　发泡剂注入前后对比

8.5.5　盾构刀具减磨措施

　　通过室内试验分析可知，压力对刀具磨损的影响程度比转速的 2 倍还要大，注入发泡剂从一定程度上可以减小刀具的磨损，因此为了降低刀具磨损，延长刀具使用寿命，在实际盾构施工过程中可采取的措施如下：

（1）控制推力大小，调整刀盘转速。在密实砂层或砂卵石层中，推力过大导致刀具与土层接触压力增大，刀具磨损严重。通过适当减小推力，提高刀盘切削速度，在减小刀具磨损的同时保证掘进效率。

（2）在自稳性较好的地段适当减小土舱压力。当土舱压力设置较高时，开挖面土体（特别是砂、卵石层）被压密，土体中的水被挤出，刀具切削阻力增大，考虑到土舱压力对刀具的影响程度，在满足地面沉降控制要求的前提下，减小土压设定值可有效减少刀具磨损，延长刀具使用寿命。

（3）设计科学合理的渣土改良方案。发泡剂的加入减小了土体颗粒与刀盘、刀具等金属材料之间的摩擦力，同时带走了刀具与土颗粒摩擦而产生的热量，降低了刀具表面的温度，从而有效起到了减磨作用。

参 考 文 献

[1]　Maidl B, Schmid L, Ritz W, et al. Hardrock Tunnel Boring Machines[M]. Berlin: Ernst & Sohn, 2008.

[2]　郭信君, 闵凡路, 钟小春, 等. 南京长江隧道工程难点分析及关键技术总结[J]. 岩石力学与工程学报, 2012, 31(10): 2154-2160.

[3]　Nilsen B, Dahl F, Holzhauser J, et al. Abrasivity of soils in TBM tunneling[J]. Tunnels & Tunnelling International, 2006, 38(Mar): 36-38.

[4]　彭钧. 复杂地层盾构刀具磨损控制技术研究[D]. 北京: 北京交通大学, 2013.

[5]　Babendererde S, Hoek E, Marinos P, et al. Geological risk in the use of TBMs in heterogeneous rock masses-the case of "Metro do Porto" and the measures adopted[C]. Workshop in Aveiro Portugal, Aveiro, 2004: 1-15.

[6]　Zhao J, Gong Q M, Eisensten Z. Tunnelling through a frequently changing and mixed ground: A case history in Singapore[J]. Tunnelling and Underground Space Technology, 2007, 22(4): 388-400.

[7]　王旭, 张海东, 边野, 等. 盾构机刀盘的地质适应性设计研究[J]. 现代隧道技术, 2013, 50(3): 108-114.

[8]　黄丙庆. 盾构机刀盘设计参数的适应性研究[D]. 天津: 天津大学, 2009.

[9]　竺维彬, 王晖, 鞠世健. 复合地层中盾构滚刀磨损原因分析及对策[J]. 现代隧道技术, 2006, (4): 72-76, 82.

[10]　王宇皓. 砂性地层盾构切刀磨损影响规律研究[D]. 成都: 西南交通大学, 2020.

[11]　Kuepferle J, Roettger A, Theisen W, 等. 砂土刀具的磨损预测——一种研究刀具磨损系统中主要影响因素的新方法[J]. 隧道建设(中英文), 2018, 38(S1): 67-72.

[12]　王旭, 赵羽, 张宝刚, 等. TBM滚刀刀圈磨损机理研究[J]. 现代隧道技术, 2010, 47(5): 15-19.

[13]　温诗铸. 材料磨损研究的进展与思考[J]. 摩擦学学报, 2008, 28(1): 1-5.

[14]　温诗铸, 黄平. 摩擦学原理[M]. 北京: 清华大学出版社, 2002.

[15]　罗华. 基于TBM施工的关角隧道岩石耐磨性研究[D]. 成都: 西南交通大学, 2007.

[16]　张照煌. 全断面岩石掘进机及其刀具破岩理论[M]. 北京: 中国铁道出版社, 2003.

[17]　张照煌. 全断面岩石掘进机盘形滚刀寿命管理理论及技术研究[D]. 北京: 华北电力大学, 2008.

[18]　杨金强. 盘形滚刀受力分析及切割岩石数值模拟研究[D]. 北京: 华北电力大学, 2007.

[19]　张国京. 北京地区土压式盾构刀具的适应性分析[J]. 市政技术, 2005, 23(1): 9-13.

[20] 魏英杰. 北京无水砂卵石地层盾构刀具磨损机理及评价方法研究[D]. 北京: 中国地质大学, 2019.

[21] 王旭, 李晓, 廖秋林. 岩石可掘进性研究的试验方法述评[J]. 地下空间与工程学报, 2009, 5(1): 67-73.

[22] 牟举文. 砂性地层土压平衡盾构切刀磨损规律研究[D]. 北京: 北京交通大学, 2019.

[23] 王亦玄. 南京地铁全断面风化砂岩盾构施工关键技术研究[D]. 南京: 南京林业大学, 2013.

[24] 蒲毅. 盾构掘进机刀具运动特性及布局研究[D]. 天津: 天津大学, 2012.

[25] 李凯岭. 机械制造技术基础[M]. 北京: 机械工业出版社, 2007.

[26] 刘江南. 金属表面工程学[M]. 北京: 兵器工业出版社, 1995.

[27] Rabinowicz E, Tanner R I. Friction and wear of materials[J]. Journal of Applied Mechanics, 1966, 33(2): 479.

[28] Bowden F P, Tabor D. The Friction and Lubrication of Solids[M]. New York: Oxford University Press, 2001.

[29] Archard J. Contact and rubbing of flat surfaces[J]. Journal of Applied Physics, American Institute of Physics, 1953, 24(8): 981-988.

[30] Plinninger R J, Restner U. Abrasiveness testing, quo vadis?—A commented overview of abrasiveness testing methods[J]. Geomechanik und Tunnelbau，2008, 1(1): 61-70.